企业新价值论

◎ 张贵民　著

中国经济出版社
CHINA ECONOMIC PUBLISHING HOUSE

图书在版编目（CIP）数据

企业新价值论 / 张贵民著 . -- 北京：中国经济出版社，2024. 9. -- ISBN 978-7-5136-7893-3（2025. 3 重印）

Ⅰ . F270

中国国家版本馆 CIP 数据核字第 2024DQ9310 号

策划编辑 崔姜薇
责任编辑 贾轶杰
责任印制 李 伟
封面设计 千渡传媒

出版发行 中国经济出版社
印 刷 者 北京鑫益晖印刷有限公司
经 销 者 新华书店
开　　本 710mm × 1000mm 1/16
印　　张 21.5
字　　数 226 千字
版　　次 2024 年 9 月第 1 版
印　　次 2025 年 3 月第 3 次印刷
定　　价 118.00 元
广告经营许可证 京西工商广字第 8179 号

中国经济出版社 **网址** http://epc.sinopec.com/epc/ **社址** 北京市东城区安定门外大街 58 号 **邮编** 100011

本版图书如存在印装质量问题，请与本社销售中心联系调换（联系电话：010-57512564）

序言

企业家创造的巨大财富——商业思想

程东升

在新中国不算很长的商业历史中，勤奋好学的企业家们创造了大量物质财富，也沉淀了大量独到的经营管理理念、优秀的企业文化。

我一直认为，企业家创造两种财富：一种是有形的物质财富，如企业的营收、利润、税收等；另一种是无形的精神财富，其中包括企业家在企业经营实践中总结出来的管理理念、人生感悟等。

无论企业规模多大、利润多少，有形的物质财富都是可以计量的，对社会的直接影响也是有限的。无形的精神财富对社会的影响则是无限的。

比如李嘉诚，身价2000亿元左右。有关李嘉诚创业、经营理念的图书数不胜数，很多人被李嘉诚的成长故事、经营管理理念鼓舞，去创业、成长，最终成就一番事业。从这个角度看，李嘉诚对社会贡献的精神财富，是那些被他的创业故事、经营管理理念鼓舞，取得成就的人创造的物质财富的总和，远远不止2000亿元。

所以说，企业家创造的两种财富都非常重要，都值得传承、传播。

遗憾的是，由于各种原因，很多企业家非常重视物质财富的传承，而忽略了精神财富的总结和传承。

我们20多年前开始研究华为，2003年底出版的《华为真相》成为我国最早研究中国企业经营管理理念的图书之一。此后，我们一直聚焦在记录、研究中国企业的成长历史、经营管理理念，总结中国企业家的管理思想等方面。

鲁南制药是一家非常优秀的中国制药企业，这家诞生于齐鲁大地、深受儒家文化滋养的企业，从一家校办工厂——郯南制药厂起步，经过艰苦创业逐渐成为一家优秀的制药公司。2014年后，鲁南制药在董事长兼总经理张贵民的带领下，在残酷的竞争中恪守核心价值观，锐意改革，不断超越自己，成长为营收过百亿元、员工两万多人的大型制药公司。当前，鲁南制药制订了营收千亿元的伟大目标。

鲁南制药的高速、稳健发展离不开张贵民先生优秀的经营管理理念。在企业经营管理实践中，张贵民先生逐步形成了一套系统的价值观、方法论，尤其是提出了“企业新价值”这样一个概念。

张贵民先生关于企业价值的重新定义和思考至少包含以下几层含义：

企业的价值：在张贵民先生看来，企业存在和发展的真实意义、价值就是给社会提供优质的产品与服务；如果无法提供优质的产品和服务，企业就失去了存在的价值与意义。

企业人的价值：在张贵民先生看来，企业的存在与发展是以"人"为基础的，"人"是实现企业价值最核心的要素。

传统意义上，企业的所有者划分是以企业的股权结构作为唯一依据的，只有拥有企业的股份，尤其是拥有大部分股份的人，才被认为是企业的所有者、才被看作企业的主人。长此以往，必然导致企业的创新能力下降、竞争力丧失，最终导致企业在市场上失败。

张贵民先生明确指出："谁能给鲁南创造价值，谁就是这个企业的主人。"这种企业人的价值论是以对企业的贡献、为企业创造的价值为最重要，甚至是唯一的依据。这颠覆了传统的企业所有者理论，凸显了企业价值创造者的地位，强调了企业价值创造者的作用，保护了企业价值创造者的权益，更保障了企业的持续健康发展。

在这个思路下，就要对企业人创造的价值进行评估，区别出哪些人是价值创造者，哪些人不是价值创造者；哪些人创造的价值大，哪些人创造的价值小。而且要研究价值创造大的人的行为、标准，提升企业员工的价值创造能力。

此外，要制订合适的激励措施，让创造价值大的人能够获得与之相匹配的收益，构建以价值创造为核心的价值分配体系，让企业内部形成良性循环。

管理的价值：管理就是将有限的资源利用最大化，并且尽可能创造更大的价值。任何企业，其资源都是短缺的，正是由于资源的短缺性，才凸显了管理的价值和作用。管理就是将有限的资源高效利用，产生更大的价值回报。这就意味着，我们必须承认企业家、管理团队对企业价值创造的贡献，并给予恰当的回报。

张贵民先生的“企业新价值”理念具有很强的创新性和实用性，可以说，在一定程度上，“企业新价值”理念填补了中国企业管理理论的空白，具有一定的开创性、奠基性、引领性和指导性，对丰富中国企业经营管理理念库具有重要意义。

我相信，还有很多中国企业家对企业经营管理具有自己独到的思考，也有很多非常有价值的精神财富。

我们会持续策划、出版“当代著名企业家管理思想库”系列出版物，以及有关课程、游学活动等，欢迎企业家、有关机构合作。

合作请联系全职助理：

15013869070　suki

（作者系“当代著名企业家管理思想库”系列出版物总策划、知名企业案例研究专家，华为“商业哲学”书系主编）

对价值的追求是企业家永恒的目标

周建波

传统意义上，企业的价值主要体现于实物资产的价值、品牌价值。其实，企业还有很多隐性价值，如智力资本价值（散落在企业各个组织的价值）；企业家的价值；企业流程价值，尤其是大中型企业的流程；学习的价值（企业的学习力）；组织能力的价值；变革能力的价值；等等。

在商业模式不断更迭、生产方式发生重大变化的今天，我们不但要对企业价值重新认识，对企业的价值评估、价值创造等也需要重新认识。

在鲁南制药董事长兼总经理张贵民看来，价值依然是企业生存的真实意义所在，这种价值就是为社会服务。鲁南制药的品牌高端化一定是通过创新、实现高质量的服务来实现的，服务是有价值的。张贵民告诉鲁南制药全体员工：大家一定要明白，鲁南制药要向品牌高端转型，成为业界的高端品牌，而不是低端的仿制药品牌。

我觉得张贵民先生上述对企业价值的理解很到位，非常值得更多企业家深思。

彼得·F.德鲁克问过与企业的目标和使命紧密相关的一个问题："对客户来说价值是什么？"

很多企业管理者确信他们知道答案——"价值"就是企业定义的"品质"。但在德鲁克看来，客户购买的不是一个产品，客户购买的是对特定期望的满足，客户购买的是"价值"。德鲁克认为，产品品质只是企业价值的基础，客户还需要更多价值。

德鲁克的上述观点与张贵民先生关于价值的认知非常接近。这说明，张贵民先生是从企业终极目的、使命的角度准确定义了企业价值的概念。

张贵民先生还思考了价值创造的问题，他认为，能给企业创造价值的人就是企业的真正主人。哪怕他一无所有、赤手空拳，如果他能给鲁南创造价值，他就是鲁南真正的主人。想明白这个，好多事情就可以解决了。

在价值创造方面，张贵民先生是以对企业的贡献、为企业创造的价值为最重要，甚至是唯一的依据。这颠覆了传统的企业所有者理论，凸显了企业价值创造者的地位，强调了企业价值创造者的作用，保护了企业价值创造者的权益，更保障了企业的持续健康发展。

这种观点具有鲜明的时代特征。知识经济时代，单一资本对企业发展的推动早已不是关键因素和核心要素；具有创新精神、能够不断自我增值，而且能为企业创造核心价值的人力资本才是推动企业发展的核心动力。这是新时代企业发展的新特征。这种观点具有很强的实用性。

在繁忙的工作中，张贵民先生对企业价值的思考涉及很多方面，说明他是一位爱思考、爱总结、非常勤奋的企业家。

从辩证唯物主义的角度看，我们对企业价值、价值创造、价值分配等核心问题的认识，应随着时代的变迁、技术的演进、社会的发展等不断更新、完善。这就是发展的眼光，这才符合事物发展的规律。

我非常欣喜地看到，张贵民先生等诸多中国企业家一直在运用辩证唯物主义的方法论认识问题、分析问题，他们这种科学的、实事求是的精神非常值得肯定和称赞。

我与东升也有很多交集，他策划、主编的华为“商业哲学”书系对丰富中国企业家的商业思想库具有相当大的价值。现在，他策划、主编的“当代著名企业家管理思想库”系列出版物也意义重大，值得肯定。本书作为“当代著名企业家管理思想库”系列出版物的重要内容，其出版是当代中国企业经营管理界的重要事件。

期待更多企业家为“当代著名企业家管理思想库”系列出版物贡献自己的智慧。

（作者系中国经济思想史学会副会长、北京大学经济学院经济史学系主任，教授）

在新经济迷航中找到飞向未来的路

杨思卓

新经济的星际迷航，如同一场未知的探险，让无数成功的企业家感到迷茫。他们站在新经济视窗前，注视着数字化、人工智能等新技术浪潮的涌动，以及日益激烈的竞争态势和层出不穷的商业模式。然而，这些表面的现象并非新经济的真正内核。

那么，新经济的本质究竟是什么呢？作为长期致力于新经济研究的学者和企业教练，我在深圳这片新经济的前沿阵地，与上千名企业家深入交流，逐渐形成了自己独到的见解。

最近，我有幸阅读了《企业新价值论》的书稿，这部书稿的很多观点与我之前的研究成果有异曲同工之妙。我与本书作者张贵民先生分别在理论研究与企业实践这两个既有交叉又有不同的领域，得出了非常一致的结论。这说明我们的研究成果具有一定的普适性。

《企业新价值论》是一部极具前瞻性的作品。作者通过丰富的实践经验和深厚的理论功底，提出了企业新价值论的观点。这一理论强调，在新经济时代，价值创造不再仅仅依赖于物质投入的规模，而是更加注重多元化、开放性和共享性。通过创新、品牌、文化和组织等非物质要素的投入，企业可以实现价值的最大化。

这一观点在鲁南制药的实践中得到了充分验证。在张贵民先生的领导下，鲁南制药成为一家优秀的企业，张贵民先生更是实现了由企业家到商业思想家的跃迁。他用自己的智慧和勇气探索出了一条适合新经济时代的发展道路，为其他企业提供了宝贵的经验。

同样，深圳的华为、腾讯等优秀企业也证明了这一点。它们以“更少的物质形态，更多的精神含量”为特征，构建了新的价值体系。在这种现实创造之下，新价值论应运而生，成为一种必然。

我非常感谢张贵民先生。他不仅是一位优秀的企业家，更是一位具有前瞻性和深刻洞见的商业思想家。他的成功经验和理论思考，对我们这些在新经济中探索的企业家来说，具有非常重要的启示意义。

《企业新价值论》不仅是一部理论著作，更是一部实践指南。它为在新经济迷航中寻找方向的企业家指明了飞向未来之路，揭示了新经济的本质和规律。张贵民先生在书中进一步阐述了新价值论在企业实践中的应用和意义，让我们更加清晰地看到了新经济的未来趋势和发展潜力。希望更多的企业家能够认真研读这本书，从中汲取智慧和力量，共同推动新经济的繁荣发展。

随着新经济的不断发展，传统的商业模式和价值观念正在发生深刻的变化。越来越多的企业开始注重非物质要素的投入和价值创造，追求多元化、开放性和共享性的发展。这种趋势不仅体现在大型企业上，在中小企业中也得到了广泛的实践。

《企业新价值论》为企业提供了更加广阔的发展空间和机遇。通过创新、品牌、文化和组织等非物质要素的投入，企业可以构建独特的竞争优势和品牌价值，实现可持续发展。同时，新价值论强调了企业与社会、环境的和谐共生关系，倡导企业在追求经济效益的同时也要注重社会责任和环境保护。

因此，作为企业家和管理者，我们需要不断更新自己的思维方式和价值观念，积极适应新经济的发展趋势和要求。通过学习和实践新价值论，我们可以更好地把握市场机遇和竞争优势，推动企业实现转型升级和可持续发展。

我相信，在这个充满机遇和挑战的新经济时代，只要我们不断学习、创新和实践，就一定能够找到飞向未来的路！

（作者系联合国可持续发展贡献奖获得者，中商国际管理研究院院长、博士生导师）

目 录
CONTENTS

第 1 章
价值的再定义

第 2 章
价值创造

第 3 章
价值评价与分配

第 4 章
价值重塑

第 1 章

价值的再定义

01

谁能给鲁南创造价值，谁就是这个企业的主人。这是以对企业的贡献、为企业创造的价值为最重要，甚至是唯一的依据，颠覆了传统上的企业所有者理论，凸显了企业价值创造者的地位，强调了企业价值创造者的作用，保护了企业价值创造者的权益，更保障了企业的持续健康发展。

经济学自诞生以来，就在探讨价值的创造和形成。

经济学的重要奠基人亚当·斯密（1723—1790）在他所著的经济学开山之作《国富论》里说[1]：“应当注意，‘价值’一词有两个不同的意思。它一方面表示特定物品的效用，另一方面表示由于占有某物而取得的对其他货物的购买力。前者可称为使用价值，后者可称为交换价值。”他还认为，交换价值由它所包含的劳动量来决定，但只包含纯粹的劳动价值的产品很难见到，大部分商品的交换价值还包含利润和地租，从而提出了价值 = 劳动 + 土地 + 资本的框架。这也是后续要素价值论的基础。如图 1.1 所示。

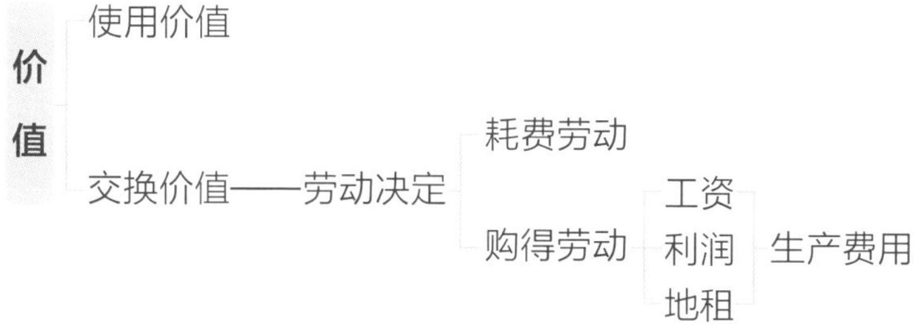

图 1.1　亚当·斯密的价值理论示意图

让·巴蒂斯特·萨伊（1767—1832）在批判斯密的劳动价值学说的基础上，提出了价值是由效用决定的观点，因此，价值实际上是劳动、土地、资本三个效用的组合，俗称三位一体的庸俗效用价值理论[2]。

萨伊的可贵之处在于区别了企业家和资本两种不同的价值创造元素，老板、经理或冒险家（entrepreneur）这些人投入的是“高级劳动”，因此可以获得高额的报酬。

大卫·李嘉图（1772—1823）进一步关注到人的特殊性，他认识到商品价值包括工人直接劳动（活劳动）创造的新价值和间接劳动（物化劳动）所体现的旧价值，并指出只有工人新加入的活劳动才创造新价值，机器等生产资料本身不创造新价值[3]。

英国学派的经济学家威廉姆·斯坦利·杰文斯（1835—1882）则从边际效用的角度对价值进行了解释，提出了主观价值论。他认为，不是人们付出劳动，事物才有价值，而是事物有价值，人们才愿意付出劳动。这可以说是对劳动价值论的全面否定。

边际效用理论的创始人——奥地利学派的卡尔·门格尔（1840—1921）把主观价值论推向了高潮，他在自己的著作《国民经济学原理》

中说[4]：“所以价值，不只是它的本质是主观的，就是它的尺度也具有主观的性质。任何财货都只对一定的经济主体才有价值，而且只对一定的经济主体才具有一定的价值。”在他看来，价值和生产成本没有任何关系，其把价值导向了主观主义和虚无主义。

经济学发展了两三百年，人们都对价值创造这个问题莫衷一是。实际上，目前对价值创造最权威的理论解释来自卡尔·海因里希·马克思（1818—1883），他认为只有人的劳动是可以创造价值的活劳动，其他生产资料只能通过物化劳动转化价值。所以就有了那个著名的公式：

$$W=c+v+m$$

其中：W 表示价值；c 表示补偿购买生产资料的不变资本；v 表示补偿购买活劳动的资本；m 表示劳动者创造的剩余价值。

马克思价值论公式的含义是，价值由生产资料的物化劳动、劳动者的必要劳动和剩余劳动三部分组成。从资本的角度看，价值由补偿购买生产资料的不变资本（c）和补偿购买活劳动的资本（v）及劳动者创造的剩余价值（m）三部分组成。马克思的价值论叫作劳动价值论，由此推导出来的剩余价值理论是马克思一生的两个伟大发现之一（另外一个是历史唯物主义），由此来解释资本主义制度的一切，这就是《资本论》的重要理念。

作为一个实践工作者，作为一个企业家，我觉得经济学发展到现在，依然没有彻底讲清楚价值创造这个问题，或者说企业界、资本界依然没有彻底理解马克思主义的劳动价值论。我对这个问题有切身的体验和思考，极有必要分享给大家，对我们的企业家、投资人、资本方、企二代、企三代，乃至地方经济、区域经济和整个国家的经济发展都有非常重要的意义。

新价值论模型

在我看来，价值创造这件事实际上包括三个部分：主体、客体和价值（如图 1.2 所示），这三个要素组成了一个有机的结构（系统）。这个结构要比劳动、土地和资本的传统价值结构完善很多、直观很多，更有指导意义。

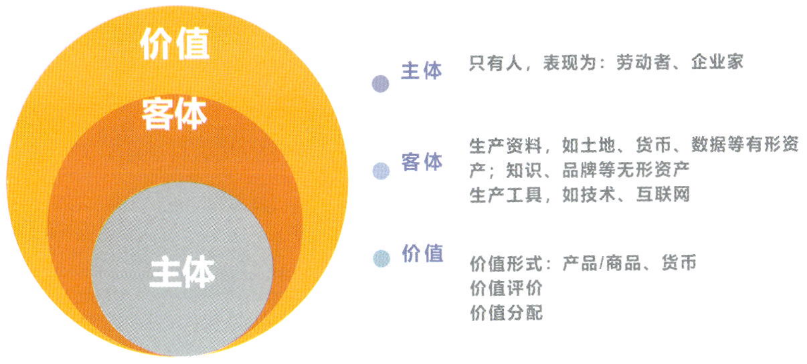

图 1.2　新价值模型

所谓主体，就是具有主观能动性，能够主动去组合其他要素，对其他要素施加影响从而创造价值的系统要素。

所谓客体，就是客观存在，被组合、被施加影响之后其价值才能得以呈现和增值的系统要素。

这个模型之所以叫作新价值模型，是因为它区别于目前经济学的价值理论，是一个全新的价值模型。

第一，相对于亚当·斯密古典经济学的价值 = 劳动 + 土地 + 资本的三位一体模型，是全新的。

在斯密的这个模型中，劳动和土地、资本一样都是价值的构成部分，并没有体现劳动价值的特殊性，这是经济学后来发展中大家逐渐意识到的。另外，这个古典模型的时代局限性在于，只强调了生产资料中的土地，但是，生产资料明显不只有土地，这跟这个模型产生的时代背景——正处于农业社会有关。正因为处于农业社会，所以，有些重要的生产工具没有在这个模型中得到体现，比如机器、厂房、设备等。

第二，相对于马克思的 $W=c+v+m$，也是全新的。

马克思的模型把价值分为物化劳动和人的活劳动，提出了只有劳动才能创造价值，但没有强调人的主观能动性。当然，受当时时代的限制，实际上还是处于劳动 + 土地 + 资本的框架下。

第三，这个模型的“新”在于，首次从主体、客体的角度对价值创造的要素进行分类，人作为价值创造要素的主动性一下从所有的要素中显现出来。价值创造的要素有很多，但唯有人具有主观能动性（即主动性），人的主动性是一切价值创造的开始。没有“人”这个主动要素，土地、厂房、门面都是负资产；没有“人”这个主动要素，资本也只能坐吃山空；没有“人”这个主动要素，技术不可能产生，互联网也不能创造价值，数据也必定是死数据。价值创造的主体只有人，只有人才是可以主动创造价值的。

第四，这个模型的“新”在于，它具有与时俱进的时代意义。主要体现在在生产资料项下增加了数据这个资产，数据也是价值创造的重要资产。另外，在生产工具项下，增加了互联网等具有鲜明时代意义的工具，互联网也是生产力。但数据、互联网不能主动创造价值，也是价值创造的客体。

第五，这个模型的“新”在于，它把人的主动性要素又分为了劳动者和企业家，也就是被领导者和主动领导者，没有主动领导者的发起，就没有被动领导者的参与，就没有企业这个价值创造主体的存在，也就没有价值创造可言，价值就更是无源之水、无本之木。这里的主动领导者实际上就是企业家，他们的劳动是一种特殊劳动，被萨伊称作“高级劳动”，在李嘉图和马克思那里与普通工人的劳动一样被称为“活劳动”。现在我们意识到了它和普通劳动的不同，称其为“企业家精神”，我称之为“领导力”。

上述模型用简单的数学公式表达为

$$W=L\times(K+T+N)$$

其中：W 表示商品的价值，这是因为德文的 Waren 表示商品，马克思用它表示商品价值，所以沿用；L 即 Labor 表示活劳动，我们这里用它指代具有主观能动性的价值创造的主体的所有劳动；K 即 Captial，表示资本，首位字母 C 一般指 cost，为了与之区分，用其读音 K 来指代；T 即 Technology，表示技术这一生产要素；N 即 New，指代新生产要素。

上述公式中，价值 W 是主体价值和客体价值的乘积。主体价值包括劳动和企业家精神；客体价值包括资本 K、技术 T 和新要素 N（如数据等）。这个公式较马克思的 W=c+v+m 更强调“人”这个要素的主观能动性（马克思的价值公式中只是把物化劳动、活劳动和剩余价值三者简单并列）。较传统生产函数 Q = f（L,K）更全面，传统生产函数只提出了总价值是劳动和资本的函数，并没有考虑到随着时代发展出现的新生产要素如数据等，也没有体现“人”这个要素的第一性、主动性。

至于 C–D 生产函数即柯布–道格拉斯生产函数 $Q=AL^{\alpha}K^{\beta}$，虽然考虑了一定技术条件 A，但其问题仍是把人的主观能动性和资本等量齐观，不能体现人在价值创造方面的主动性。

所以，无论是在通常的经济学理论意义上还是企业管理的实践意义上，我们都必须明确和强调：

只有人才能够主动创造价值！

价值创造的主体只有人！

其他构成价值的元素都是被动要素，这些被动要素必须有主动要素的组织和领导，才能够创造出价值来。

企业的存在与发展是以“人”为基础的，“人”是实现企业价值最核心的要素。

传统意义上，企业的所有者划分是以企业的股权结构作为唯一依据的，只有拥有企业的股份，尤其是拥有大部分股份的人，才被认为是企业的所有者，才被看作企业的主人。长此以往，必然导致企业的创新能力下降、竞争力丧失，最终导致企业在市场竞争中失败。

在我看来，谁能给鲁南创造价值，谁就是这个企业的主人。这种企业人的价值论是以对企业的贡献、为企业创造的价值为最重要，甚至是唯一的依据。这颠覆了传统的企业所有者理论，凸显了企业价值创造者的地位，强调了企业价值创造者的作用，保护了企业价值创造者的权益，更保障了企业的持续健康发展。

在这个思路下，就要对企业人创造的价值进行评估，区别出哪些人是价值创造者，哪些人不是价值创造者；哪些人创造的价值大，哪些人创造的价值小；而且要研究价值创造大的人的行为、标准，将这些行为标准等进行普及，提升企业员工的价值创造能力。

此外，要制定合适的激励措施，让创造价值大的人能够获得与之相匹配的收益，构建以价值创造为核心的价值分配体系，让企业内部形成良性循环。

企业与一般组织的最大区别是强调效率，也就是将有效的资源进行价值最大化。企业家的职责之一就是在资源匮乏的情况下，通过企业家的个人魅力、个人能力，组织起企业的架构，进行生产和销售活动，实现价值创造。如果资源足够丰富，任何人都可以实现企业生产与价值创造，那就不需要企业家了。

管理就是将有限的资源利用最大化，并且尽可能创造更大的价值。任何企业，其资源都是短缺的，正是资源的短缺性，才凸显了管理的价值和作用。管理就是将有限的资源高效利用，产生更大的价值回报。这就意味着，我们必须承认企业家、管理团队对企业价值创造的贡献，并应给予恰当的回报。

不明白这个道理是要付出沉重代价的，明白这个意义对我们当下的企业经营、未来的企业传承，对我们的区域经济、城市管理乃至整个中国经济的发展都具有重要作用。

资本并不能主动创造价值

按照上述公式，我们可以推导出来一个基本结论：资本并不能主动创造价值。

比如放在家里的100万元，如果没有任何人的价值创造（比如存进银行获得利息，其实是银行通过专业人员的操作，创造了价值，分给你一点利息），怎么也不会变成101万元。不仅不会变成101万元，而且还会随着通货膨胀而贬值。

资本放在银行才有孳息，才有增值。你没有看到的是背后银行家的劳动（企业家精神）和银行那些职员的劳动，这正是资本在银行孳息增值背后的人的力量，只有这些人的活劳动才具有主动创造价值的能力。马克思主义价值论的基本观点就是，只有人的劳动才是价值创造的唯一源泉，资本、土地、生产原料只是通过物化劳动将原有的价值转移到了新的商品中。

这一点与萨伊、李嘉图等的生产要素价值论截然相反，两者的争论从经济学诞生以来到现在一直延续了几百年。我们暂且不去参与这个争论，但是，资本并不能主动创造价值，不能自我增值——这一点是肯定的，是大家都认可的。资本要增值的前提是找到那个能主动组织它、运用它、管理它、领导它的具有主观能动性的人。

也就是在价值创造这件事上，人是第一性的，资本、土地等其他要素都是第二性的，因此，我们也就很容易理解为什么阿里巴巴这样的企业倡导“员工第一，客户第二，股东第三”是正确的，在 IPO 企业的制度安排中设计 AB 股制度是合理的。

理解了这些，我们就明白了“傲慢的资本”是多么肤浅，我们就懂得了真正“聪明的”资本是那些能够“找到人”并“尊重人”的资本。

下面，我将通过正反两方面的案例向大家解释企业新价值论。

美国商业史上首次摒弃“股东第一”原则

据报道[5]，2019年8月20日，在美国商业圆桌会议上，亚马逊CEO贝索斯、苹果CEO库克等181位美国大公司掌门人联合发表了一份声明，他们希望可以重新定义“公司宗旨”。这份声明的主要内容是与华尔街投机家们多年来背道而驰的理念——摒弃“股东第一”原则，而坚持客户第一，将股东利益排在客户利益之后。这是美国商业史上首次摒弃“股东第一”、追求利润最大化的经营理念。

其实，这个原则早在创立阿里巴巴的时候，就被马云提出来了。

阿里巴巴官方对此的表述是：“客户第一，员工第二，股东第三。”这是被正式列入阿里巴巴六脉神剑价值观里的一条，而且也是要列入员工的绩效考核的，可见他们对此是认真的。

马云曾经在有的场合把这个价值观表述为：员工第一，股东第三。我更愿相信这个才是马云的真实表示，因为这里面只有员工才是创造价值的人，客户只是价值的提供者。实际上，客户和员工都是人，都属于企业新价值模型里创造价值的主体，都是第一性的；资本、土地、原材料等都属于价值创造的客体，是第二性的。

今天阿里巴巴成功了，大家可能感觉马云这样的表述天经地义，但是，2001 年当马云在公开场合宣布这一条的时候，却被华尔街投机家们严重质疑。以至于马云在演讲中不得不公开说：“让华尔街的投行来骂我们吧，我们始终坚持‘客户第一，员工第二，股东第三’。”

20 年之后，美国 181 家公司不约而同摒弃“股东第一”原则，回到了阿里巴巴所坚持的道路上来。

为什么华尔街的资本大佬们不再质疑阿里巴巴了？

马云在 2018 年给股东的信中提到，“在未来 20 年，我们将服务全世界 20 亿名消费者，帮助 1000 万家中小企业赢利，创造 1 亿个就业机会。在 2019 年阿里巴巴成立 20 周年的时候，能够实现 1 万亿美元的 GMV（商品交易总额）”（事实上，根据阿里巴巴 2022 年财报，截至 2022 年 3 月 31 日的财政年度，阿里巴巴全球 GMV 为 83170 亿元，大幅超越了这个目标[6]）。

当这些目标都满足后，阿里巴巴股东们的利益自然也变成了现实。2018 年，阿里巴巴创造了 4082 万个直接就业机会和间接就业岗位，纳税 516 亿元，带动纳税 2581 亿元。截至 2018 年 8 月，自 2014 年上市以来阿里巴巴用于员工股权激励支出 800 亿元，充分体现了“客户第一，员工第二”的经营理念。那么股东利益呢？ 2014 年上市后，阿里巴巴成为美股十大市值最高的公司中唯一的中国公司，充分说明资本市场对这家公司的认可，也充分说明了股东们的利益得到了很好的实现。

阿里巴巴的成功，说明在价值创造的诸要素中，只有人才是主动的，其他要素都是被动的。只有人才是主体，其他要素都是客体。没有人这个主体，其他一切价值创造的要素都很难有高效的价值产出。

正因为如此，《华为基本法》第二条规定：认真负责和管理有效的员工是华为最大的财富。《华为基本法》第十六条规定：我们认为，劳动、知识、企业家和资本创造了公司的全部价值。

在资本与人这两个价值要素之间的关系上，阿里巴巴与蔡崇信的故事非常值得回顾。

在阿里巴巴的成长历史上，蔡崇信的作用非常重要。2023 年，蔡崇信进入了世界富豪榜，成为 NBA 篮网队的老板。

1999 年 9 月，在马云带领下的 18 位创始人在杭州的公寓中正式成立了阿里巴巴，公司成立初期的注册资本 50 万元是 18 个人一起筹集的，这 18 个人多数是马云的朋友、学生。这是马云处理资本和人的关系的开始。

1999 年 10 月，阿里巴巴集团从数家投资机构融资 500 万美元。这笔钱是高盛领投的，草创的阿里巴巴之所以能够拿到世界一流投行领投的这笔钱，离不开一个人，那就是蔡崇信。当时，蔡崇信是 Investor Asia Limited 的副总裁及高级投资经理，正好负责亚太业务，年薪 70 万美元。蔡崇信放弃了当时五六百万元人民币年薪的工作，加入了每个月只能拿 500 元工资、随时可能倒闭的阿里巴巴。从此，蔡崇信开始了为阿里巴巴源源不断融资的历程。

2000 年 1 月，阿里巴巴与软银的战略投资协议正式签订，孙正义 2000 万美元，占阿里巴巴 34% 的股份，成了软银最成功的一笔投资。这笔投资在之后 19 年内翻了 1900 倍，把孙正义和马云分别送上了世界首富和中国首富的宝座，也成了孙正义亏损时候的救星。

值得说明的是，虽然孙正义这笔投资如此巨大，但并没有要求控制阿里巴巴的经营，而是给了马云等创始团队最大的经营自主权。

投资界经常说一句话——聪明的资本。聪明在哪里？在于知道在创造价值方面，人是主体，资本只是客体。没有找到主体的资本，永远跟白纸没有什么区别。

在阿里巴巴的成长过程中，多次给阿里巴巴引来巨额资金、规划了阿里巴巴进入资本市场路径的蔡崇信可谓厥功至伟。可以想象，如果没有蔡崇信，阿里巴巴的资本之路不会如此顺利。显然，在阿里巴巴的成长过程中，马云、蔡崇信等创始人、高管团队的作用是直接而关键的。如果没有这批人，阿里巴巴很难找到资本，而资本也难有阿里巴巴这个平台。

正是因为相信价值创造的核心要素是“人”，而非资本，《华为基本法》第九条规定：“我们强调人力资本不断增值的目标优先于财务资本增值的目标。”这意味着，华为对人力资本的投入大于财务资本的增值；在人与资本之间，华为毫不犹豫地优先选择了人。

基于价值创造的核心要素是“人”，而非资本，企业管理从财务的角度设计了 AB 股制度。

AB 股制度是新价值论模型的最好体现

AB 股制度背后的根本逻辑是，承认人是创造价值的唯一主体，是主动因素，是第一性的；资本是价值创造的客体，是被动因素，是第二性的。没有主体的主动创造，客体的存在就永远转化不成价值。用马克思主义劳动价值论来说就是，只有人的抽象劳动才是价值创造的唯一源泉，才是剩余价值的唯一来源，其他具体劳动只是物化价值的转化，并不能增加和创造价值。

为什么要设立 AB 股制度？

注意，这里的 AB 股制度不是国内的 A 股、B 股、H 股，而是一种同股不同权的制度设计。具体地说，就是发行 A、B 两种股票，其中 A 股向投资人发行，B 股向公司的经营团队或者合伙人发行，双方虽然是相同的股票，拥有相同的分红权，却没有相同的表决权。一般，B 股的表决权是 A 股的 2~20 倍，以 10 倍比较常见。具体差异化比例以公司章程约定为准。B 类股不公开交易，一旦易主，即按照 1∶1 的比例转换成普通 A 类股。AB 股制度也叫作“双重股权结构”。

AB 股制度实际上早在古罗马时代就有了，中世纪的欧洲也在持续使用，近代和现代从美国市场上得到了发扬光大。

为什么要设立 AB 股制度?

首先，在为企业引进资金的同时保证控制权不转移，促进创始人专注于公司长期的经营，避免投资者过度追求短期收益，采取过激措施。

其次，确保创始人的控制权有利于激励创始团队加大前期投入，为公司利益最大化服务。

最后，AB 股权结构有利于防止敌意收购，为企业发展提供安全保障。因为如果创始团队成员没有用心经营，资本市场的定价功能将使管理层的经营状况反映在股价上，公司经营太理想，股价低迷，就容易成为敌意收购的对象。

但这个制度的缺点也是显而易见的，因为它违背了人们的“同股同权”常识，“一股独大”会弱化中小股东的权益。

但有问题就有解决方案，在实际操作中聪明的人们又发明了“落日条款”专门来解决这类问题。具体是，当出现以下情形时，拥有特别表决权的股份应自动转化为普通股份：

拥有特别表决权股份的股东不符合资格要求或最低持股要求；

拥有特别表决权股份的股东丧失相应履职能力、离任、死亡；

持有特别表决权股份的股东失去对相关持股主体的实际控制；

持有特别表决权股份的股东向他人转让所持有的特别表决权股份，或者将特别表决权股份的表决权委托他人行使；

公司的控制权发生变更。

国内外 AB 股制度的应用状况

如前所述，AB 股制度有其客观必然性，所以早在古罗马时代就已经存在。但也有其天然的缺点，即违背了人们“同股同权”的常识。所以它的发展经历了一个曲折的过程。即使是美国的三大证券交易所，对此态度也是不一致的。但随着美国证监会 1988 年《19-C 规则》的出台，采取双重股权结构的公司数量开始增加。

在美国，以 2004 年谷歌上市为分界线，后面上市的高科技公司多采用此种双重表决权架构。比如 2012 年 IPO 的所有大型高科技企业

Groupon、领英、Yelp、Facebook 和 Zynga 都采用了“同股不同权”的模式。而在此之前，在美国上市的高科技企业多数没有双重股权架构，著名者如苹果、微软、亚马逊和网飞。

有人考证，国内第一家赴美上市且采取 AB 股结构的是 2005 年上市的百度。它的具体实施方法是，上市后的百度股份分为 A 类和 B 类股票，将在美国股市新发行的股票称作 A 类股票。在表决权中，每股为 1 票，而创始人股份为 B 类股票，其表决权为每 1 股为 10 票。李彦宏作为创始人及 CEO 持股 25.8%，另一位创始人徐勇则持股 8.2%，其他 4 位高管共持有百度 3.7% 的股份，另有 5.5% 的股份为普通员工所持。按照这种制度设计，只要李彦宏的持股不低于 11%，他就拥有对这个公司的绝对控制权。更何况单李彦宏一个人的实际股份就有 25.8%。除非他想卖掉百度，否则任何想通过股票市场收购百度的企图都将成为泡影。这就是这种制度设计的好处。

而真正在国内市场上采用 AB 股制度上市的第一家公司是做云计算（公有云）的，叫优刻得科技股份有限公司（Ucloud），是 2020 年 1 月 20 日在上海证券交易所科创板正式挂牌上市的。

其晚了百度 16 年。可见国内对这个制度的谨慎。

但是，国内的互联网高科技企业基本采取了这样的制度，比如百度、阿里巴巴、腾讯、小米、拼多多、京东、滴滴等。这些都是国内目前比较成功的公司，足见这个制度的影响力。

这里值得给大家说道的是京东，因为京东刘强东创始团队的表决权倍数是最高的，达 20 倍，刘强东总计持有公司 83.7% 的表决权，所以事实上，如果没有刘强东的出席，该公司董事会甚至无法举行正式会议。

另外一个值得给大家说道的是马云的阿里巴巴。因为这家公司为了坚持自己的 AB 股制度，甚至不惜四次上市，仅在中国香港市场就正式上市两次（还不包括一次退市），让香港交易所（简称港交所）真的接受了 AB 股制度。

2007 年，阿里巴巴第一次在港交所上市，但后来因次贷危机的影响，交易低迷不得不退市。阿里巴巴第二次试图在港交所上市是在 2013 年，尽管马云团队声称其采取的阿里合伙人制度与 AB 股权结构不同（实际是一回事），但仍然没能得到港交所的支持，故转而在美国纽约证券交易所（简称纽交所）上市，创下当时最大 IPO 纪录。

错失阿里巴巴后，港交所始终在推动政策的转变。2018 年 4 月，港交所就前期咨询结果进行总结并公布了上市规则修订拟实施版本及指引信，并于 2018 年 4 月 30 日正式施行，由此开启了香港资本市场“同股不同权”公司上市的新时代。

2019 年 11 月 26 日，阿里巴巴在香港二次上市，其市值突破 4 万亿港币，超过 3.2 万亿港币的腾讯，成为首家实现 N+H 中美两地上市的中国互联网公司。此后就是阿里巴巴 2022 年的中国香港、美国双重上市。

AB 股制度给我们的启示是，人需要资本，资本也需要人，归根结底还是资本更需要人。人是创造价值的唯一主体，是主动因素，是第一性的；资本是价值创造的客体，是被动因素，是第二性的。没有这个主体的主动创造，客体的存在就永远转化不成价值。

没有人，厂房、土地、门店都是负价值

据同花顺财经报道[7]，2022 年 11 月 4 日，国美停发员工工资的消息冲上百度热搜第四的位置。

截至 2022 年 6 月 30 日，国美的总负债规模达 585.67 亿元，其中有 500.68 亿元流动负债，流动负债占比超 85%，需在 1 年内偿还的银行借款和其他借款高达 229.02 亿元。而目前公司的现金及现金等价物仅为 24.1 亿元，相比上年的 43.8 亿元减少了约 45%，同期经营活动现金流只有 5535 万元，呈断崖式下降。

截至 2022 年 11 月 3 日港股收盘，国美零售报价 0.124 港元 / 股，市值仅剩 44.29 亿港元，较 2021 年 2 月黄光裕回归后的最高点 2.55 港元 / 股，跌超 95%。在自家股票最低的时候，大股东还大规模套现。

国美曾经辉煌无比。

2004 年，国美电器在中国香港成功上市，发展进入快车道。

2009 年，国美入选中国世界纪录协会“中国最大的家电零售连锁企业”。

截至 2021 年 6 月 30 日，国美线下实体门店数量为 3895 家，遍布全国 500 多个城市，会员人数超过 2 亿。

2009 年 1 月，黄光裕辞去国美董事局主席一职，陈晓正式接任董事局主席。

2009 年 6 月，在陈晓的主持下，国美引入贝恩资本。贝恩认购国美发行的 18 亿港元可转换股权，初始转股价为每股 1.18 港元，并约定获得国美董事会 3 个非执行董事席位等一系列条款。

2010 年 8 月 4 日，黄光裕发函要求陈晓下课，国美起诉黄光裕。黄光裕要求国美董事会撤销多位高管职位，包括董事会主席陈晓及执行董事孙一丁。国美电器随后向中国香港法院提交诉状，要求黄光裕对违约责任进行赔偿。双方关系彻底决裂。此后国美董事会主席陈晓与黄光裕家族进行了非常激烈的法律交锋。

这场争斗之后，国美元气大伤，开始走下坡路。

事后回看，双方的焦点都在国美控制权，而忘记了找到能经营好这个企业的人才是最重要的。

国美的案例告诉我们：资本如果忽略了人这个价值创造的首要要素、主动要素，就一定会死掉。因为相对于具有主观能动性的、第一性的人，资本只能屈居第二。认识这个位置，懂得这个规律，那就是自知者明！

资本需要争夺企业的控制权，但前提是你要找到那个能帮助你增值的人，否则，控制权争来了也是死。

千万不要在控制权的争夺中失去了理智，成为自己情绪的奴隶。这是一个领导者个人领导力层面最基本的修炼，是个人领导力的基本功，是企业家精神的根本。

没有人，厂房、土地、门面等资本都是负资产！国美空有那么多门面店铺，那么大的市场占有率，没找到这个人，又有何意义？！

腾讯，资本方的觉醒

作为创业者，马化腾是绝对的实干派。

1998 年，马化腾起家的时候看到 OICQ 不错，创建了 QQ。没几年，OICQ 死掉了，QQ 成为第一。2004 年 6 月，腾讯在中国香港上市，马化腾的身价达到了 9 亿元！

这个阶段马化腾的身份已经变了，说他是一个创业者、实干家也对，但由于它们的 AB 股制度加上企业背后强大的资本号召力，实际上他已经多了一个投资人的身份。这个阶段他要处理的是资本—人的关系。

腾讯成立 12 周年晚上 4000 人的盛典之后，马化腾心情久久不能平静，回到办公室给全体员工写了一封邮件，这封邮件伤筋动骨，涉及腾讯核心价值观的修改！最著名也是最经典的一段话就是：

过去，我们总在思考什么是对的。但是现在，我们更多地想一想什么是能被认同的。过去，我们在追求用户价值的同时，也享受奔向成功的速度和激情。但是现在，我们要在文化中更多地植入对公众、对行业、对未来的敬畏……因为腾讯的梦想不是让自己变成最强、最大的公司，而是最受人尊重的公司。

由此，站在另一个 12 年的起点上，腾讯开启了一次伟大的蜕变！

外部，最著名的就是接连召开的十场“诊断腾讯”专家座谈会，主动邀请了 72 位专家批评腾讯，马化腾要求每位高管至少参加其中一场。面对专家们的尖锐言辞、激烈攻击，腾讯的人默默静听，深刻反思。

内部，腾讯的海报、餐巾纸上都开始了一轮“反思我们离最受尊敬还有多远”的全员反思活动。

这些反思先是表现在经营理念上，从过去的封闭、独占，渐渐变成了开放共享。马化腾宣称：腾讯现在的战略是“半条命”，我们把公司一半的命运掌握在自己手里，另一半交给合作伙伴。

这就有了后来把搜搜给了搜狗，把拍拍网给了京东，也有了设立产业共赢基金，投资美团、滴滴、拼多多、知乎、B 站，投了同程艺龙等，不仅投钱给这些公司，而且还给流量让这些公司迅速做大。

这个反思最终表现为腾讯使命价值观的升级：科技向善的提法渐渐被写进了腾讯的价值观和使命。

从企业新价值论模型的角度来看，这个转变的实质是马化腾从创业者到投资人身份的转变，而且马化腾很清楚地知道，必须找到最能创造价值的人。

正因为懂得了这个转变，腾讯找到了创造核心价值的人，才轻松跨过了一个大暗礁，顺利完成了一次战略大升级——这个暗礁就是移动互联网对 PC 互联网的替代，很多公司死在了这里（惠普、柯达等），这个战略大升级就是腾讯从 QQ 到微信的升级。

2010 年 11 月底，腾讯成立 12 周年纪念日活动期间，马化腾收到张小龙的一封邮件，说他看到一个叫 KIK 的手机 App，腾讯要立即做，否则，未来腾讯在移动互联网上可能会被边缘化。马化腾当即拍板！一个伟大的战略诞生了。

70 天后，微信的第一个版本发布，一年后微信的用户突破 1 亿。

现在微信已经成了无可置疑的即时通信巨头。用马化腾当年的话说：我们终于拿到了移动互联网时代的站台票。显然，张小龙以微信这个产品，为腾讯创造了巨大的价值。

其实，这不是腾讯第一次找到核心价值创造者。

腾讯不是最早做游戏的，但现在，腾讯游戏也成为第一。2018 年腾讯正式成立 CSIG，即云服务和智慧产业事业群。当时亚马逊、阿里巴巴已经规模领先，但到 2020 年底，这个部门的收入达到了 1280 多亿元，占腾讯总收入的 1/4 以上，内部大幅超过了传统的网络广告收入，外部成为中国第二大云服务供应商，而且是增长速度最快的！

回顾腾讯的发展历程可以看到，1998 年的 QQ、2011 年的微信和 2018 年的腾讯云，腾讯这三次生命正好吻合了中国互联网的节奏：互联网化、移动化和产业化。而腾讯之所以能抓住这三次重大机遇，是因为找到了最能在这个领域里创造价值的人。

现在，腾讯系的投资版图远不止市值曾经一度达到 3 万亿元的腾讯。有人统计过，腾讯的对外投资市值几乎有 2 万亿元，包括京东、滴滴、拼多多、美团、快手、唯品会、知乎、蔚来汽车、B 站、众安保险等知名企业。

现在的资本版图如此大，但是马化腾却闲庭信步。因为马化腾明白了，资本再牛，总不能自己主动创造价值，要增值，还是必须找到那个能帮你增值的具有主动性的人。腾讯庞大商业帝国的背后，是一大批核心价值创造者在砥砺前行。

资本不愿与价值创造者共享利益之悲剧

腾讯作为资本在残酷的事实面前认识到，必须找到那个能帮你增值的具有能动性的人，尊重他，信任他，给他机会让他干，让他为你增值；而不是事事亲力亲为，对抗他，怀疑他，设置障碍困住他——这样的话，经理人虽被你管住了，但你的根本目的——资本增值也达不到了。因小失大，鱼死网破。

这个道理在此情此景下大家都懂。但是，放在现实的环境里，就有人明白不了了。以下以曾经辉煌一时的健力宝为例。

1973 年，李经纬被调到了濒临倒闭的三水酒厂做副厂长。说是酒厂，其实就是一间拥有几口米酒缸的小作坊，这便是健力宝的前身。李经纬背着酒挨家挨户推销，这个酒厂慢慢有了起色，还建起了一条啤酒生产线。李经纬也因此被提拔为厂长，掌握了这家酒厂的主导权。

1983 年，李经纬到广州出差，第一次喝到了可口可乐，他敏锐地想到了把这个易拉罐饮料与运动结合起来。

但此时，配方、生产方法、推广方法都没有。李经纬听说当时广东体育科学研究所研发出了一种“能让运动员迅速恢复体力，而普通人也能喝”的饮料，便主动找上门要求合作。经过多次反复实验，终于搞出来一个配方，李经纬称之为“健力宝”。

1984 年亚足联在广州开会，李经纬把健力宝免费送上白天鹅宾馆的亚足联会议桌。健力宝一下子在广东火起来，并成为洛杉矶奥运会中国队的指定饮料。因为当年中国队许海峰、李宁和中国女排的卓越表现，那届奥运会真的是十分振奋中国人的心。特别是当时的一篇记者稿《“中国魔水”风靡洛杉矶》被疯狂转载，健力宝开始一飞冲天。

1984 年，健力宝的销售额达到 345 万元；

1985 年，健力宝的销售额达到 1650 万元；

1986 年，健力宝的销售额达到了 1.3 亿元；

1987 年，健力宝联合三家大公司参股，成立了中外合资的广东健力宝集团有限公司，并组成了董事会。

当时的三水市政府（今佛山市三水区）作为大股东，派出李经纬担任董事长兼总经理，健力宝进入了快速发展时代。

在最火爆的时候，广东三水酒厂周边被围得水泄不通 ，到处都是全国各地来拉货的大卡车。

20 世纪 90 年代，国资股改开始，惠州 TCL 和顺德美的相继股改成功，健力宝成为当时的三水市唯一没有股改成功的公司。

1996 年，健力宝的销售额突破了 50 亿元，比当时行业排名第二的娃哈哈销售额的两倍还要多。

巅峰时期，健力宝贡献了三水市地方近八成的税收，健力宝也成了当之无愧的“民族饮料第一品牌”。

这个时候，李经纬想到了将公司搬迁到广州，到中国香港上市，借机完成股改问题。

1997 年，投资 10 亿元的广州健力宝大厦落成，但是搬迁事宜一直没有得到大股东三水市地方政府的许可，香港上市计划也在大股东的干预下以失败告终。

1998 年，李经纬当选为全国人大代表。同年，地方政府对健力宝的财政开始严格管控。健力宝花出去的每一分钱都必须得到三水市政府的同意。李经纬团队提出出资 4.5 亿元购买健力宝所有股份的建议，被地方政府拒绝。

健力宝的资管矛盾迅速蔓延到生产经营上，销售额快速减少，上缴税收开始猛减。

2001 年，健力宝的缴税金额已经减少了 80%。对于地方政府而言，健力宝已经从“香饽饽”变成了“烫手山芋”，地方政府想出的解决办法是尽快卖掉健力宝。

2002 年，三水市地方政府以 3.83 亿元的价格将自己的股份卖给了浙江国投。得知消息的李经纬，直接瘫坐在地上，仰着头默默流泪。几天后，他突发脑溢血，就此瘫痪。2013 年 4 月 22 日 13 点 56 分，李经纬在故乡病故，终年 74 岁。

离开李经纬的健力宝，纵有国有资金不断加持、政府背书、政策辅助，可谓各种“资本”一起发力，也风光不再，几经转手，终无起色，已经远远无法与当初一起起步的惠州 TCL 和顺德美的同日而语。

健力宝可谓一个典型的“资本”不承认、不尊重价值创造者的“价值”，不愿意向价值创造者妥协，不愿意与价值创造者共享价值而导致的中国商业史上的一个悲剧。

事实上，在中国，同时期“资本”不承认、不尊重价值创造者的“价值”的案例还有华晨与仰融、科龙与潘宁、春兰与陶建幸等。在外界强大力量的干预下，这些当事人被“资本”逐出公司，成为悲情人物，“资本”看起来“赢了”，但随后的事实证明，不愿意向价值创造者妥协，不愿意与价值创造者共享价值的“资本”，其企业最终都以失败告终，而代表“资本”的地方经济也跌入低谷。

一场场资本和人引发的大战，至今仍发人深省。

健力宝这个曾经比美的更优秀的企业，现在已经不能望美的之项背。

顺德区政府懂得用企业新价值论的原理处理资方与价值创造者的关系，放水养鱼，筑巢引凤，培育了美的、科龙、万和、格兰仕、碧桂园、联塑等一大批响当当的现代企业。现在，顺德已经是全国百强区的翘楚。

作为创业家、企业家的李经纬先生，斯人已去，实在是让人惋惜。资本持有人、企业家一定要从这个案例中悟出如何处理资本—人关系的真实道理，“资本”一定要承认、尊重价值创造者的“价值”，愿意向价值创造者妥协，愿意与价值创造者共享价值。这才是对李经纬这样的探索者的最好纪念。

充分尊重价值创造者才能共赢

是不是资本和人，特别是国有资本与经营团队的关系天然就搞不好呢？答案是否定的，惠州与 TCL 李东升、珠海与格力董明珠、顺德与美的何享健的关系就处理得很好，成为实践企业新价值模型的、双赢的典范。

我们看看顺德美的的案例。健力宝所在的三水区和美的所在的顺德区都是佛山市下面所属的区，相距也就五六十公里，但两个区的经济实力根本不可同日而语。

1968 年 5 月，何享健和 23 名街道居民集资 5000 元，创办了“北街办塑料生产组”，后来改为“顺德县北滘公社电器厂”，开始与家电结缘。三水酒厂的创立时间应该跟何享健的塑料生产组差不多，1973 年李经纬被调到这个濒临倒闭的厂任副厂长。

1981 年 8 月，“美的”注册商标；同年 11 月，工厂更名为“顺德县美的风扇厂”，何享健任厂长，美的正式开启自己的旅程。五六十公里外的三水酒厂，李经纬在 1983 年也成为厂长。

1984 年洛杉矶奥运会，健力宝开始风靡中国。1986 年健力宝销售额首次突破 1 亿元的时候，美的还在因为经营资金困难，员工们解囊相助。

1993 年 11 月 12 日，美的正式在深交所挂牌交易，成为中国第一家由乡镇企业改组而成的上市公司，后更名为美的电器。

正当何享健畅想“原来生活可以更美的”时，1997 年亚洲金融危机的巨浪差点将美的吞噬。危机之下，何享健劝退创业元老，自己也退出日常经营管理，大力起用新人，进行事业部制的管理体制改革，引入高盛，推行股权激励，最终让美的转危为安。

1997 年，健力宝大厦已经建成。当时的销售额，美的为 30 亿元，健力宝为 60 亿元。

1999 年 7 月，美的开始筹备事业部公司化改革，进行 MBO（管理层收购）。

2001 年，顺德镇转出 30% 的股份支持 MBO，美的管理层接手成为第一大股东。这在解决长期困扰企业管理层的权益问题、解决国企“红帽子”方面提供了有效探索。由此，美的从一家乡镇企业蜕变为一家民营企业，成为历史的先行者。何享健也因此被称为“中国民企 MBO 教父”。

从 1997 年听说 MBO，1998 年酝酿，到 2001 年 MBO 尘埃落定，美的前后仅用了 3 年多的时间。

MBO 解决了美的所有者与经营者统一的问题，解决了企业身份的问题，解决了“谁当家做主”的问题。用何享健的话说，再也不会出现给一个保安科长涨工资，却被政府以“工资高过公安局长”为由而驳回的情况。

2004 年 1 月 31 日，国务院明确提出积极稳妥解决股权分置问题后，何享健在下半年就开始针对美的股改问题进行专题研究和论证。次年，美的成立股改项目组，进入筹备阶段。

2006 年，美的电器股改方案获高票通过，美的开始步入发展快车道。

2012年8月25日，70岁的何享健正式卸任美的集团董事长职位，接棒者是曾任美的企业报主编、与何享健没有任何血缘关系的方洪波。何享健被誉为“开民企传承先河”的典范。

在方洪波主持下的美的进入了一个新的发展阶段。

2017年，美的集团营收突破2000亿元，完成何享健此前定下的目标。2018年，美的集团营收逼近3000亿元关口，这一年，方洪波再次被选举为美的集团董事长兼总裁。

2020年3月，美的集团进入新能源汽车行业。

2020年12月，美的进入电梯行业。

2021年2月，美的进入医疗设备行业。

2022年11月，美的集团100%完成对KUKA Aktiengesellschaft（库卡）的全资收购，进入工业机器人市场。库卡总部位于德国奥格斯堡，是一家机器人应用和系统解决方案企业，尤其擅长汽车制造领域的工业机器人生产，被视作德国“工业4.0”代表企业之一。美的集团2016

年就收购了库卡近 95% 的股份，成为其最大单一股东。

亚洲目前是世界上最大的工业机器人市场，2021 年所有新部署的机器人中，中国的机器人安装量同比增长 51%，占全球机器人安装量的 52%。从细分产品市场来看，新能源、电气 / 电子行业等应用为目前中国工业机器人的主要行业，2021 年占安装量的 33%，增长迅速。

美的此时收购库卡，可见其远见。

此时的美的年营收超过 3000 亿元。佛山市顺德区虽然退出了原来持有的美的的国有股份，但是，作为本地企业，美的仍在为顺德的 GDP、税收、就业等做着巨大的贡献。

据 2019 年和 2020 年的年报数据，美的年纳税额分别是 148.98 亿元和 134.08 亿元。2022 年的员工总数是 16 万人。这给当地的财政税收和就业带来很大的贡献。事实证明，顺德区政府处理资本和人的关系的方法真的是行之有效，完全吻合了我们的新价值理论。难怪这里民营经济如此之强，世界 500 强企业如此之多。

美的案例是资本与人的关系的最好典范之一，之所以是典范，主要体现在作为最早资方的政府深明大义、急流勇退，正确处理了国有资本与核心价值创造者之间的关系，充分信任、尊重核心价值创造者何享健及其团队。顺德区政府持有的美的股份下降了，看似政府从美的的分红少了。但是，美的的规模做起来了，蛋糕做大了，作为资本方的当地政府，实际上获得的更多。

顺德区政府培育出来的美的，为当地创造了大量 GDP、就业机会和税收。显然，培育一个美的等于培育了若干家房地产公司。区域经济离开了房地产、离开了土地财政怎么活？培育实业企业是区域经济发展的一个重要法门。

上述的美的案例中，有两次重大的资方与核心价值创造者的关系处理问题：第一次是政府作为资方，处理好了与核心价值创造者的关系；第二次是何享健自己成为资方后，发现并且勇于重用与自己毫无血缘关系的“千里马”方洪波，何享健又舍得把股份分出去，所以才有了美的辉煌的今天。

资本要务是找到创造价值的人

通过前面的论述和案例我们看到：资本并不能主动创造价值。因为资本是没有主观能动性的，只有人才具有主观能动性；人是第一性的，资本是第二性的；人是主动的，资本是被动的。所以，资本的要务之一就是找到那个能帮你创造价值的人。

这个能帮你创造价值的人，在创业的时候就是老板本人；做到一定的规模了，老板就从个体户变成了企业家——实际上就是集资本家与职业经理人于一身的人。但是，这一点很迷惑人，因为它很容易让老板们以为，这个企业除了自己，谁也玩不转。或者说，除了自己家人，谁也不能随便传。事实上，根本不是这么回事。

第一，天底下能人很多，只是你没有发现。苹果离了乔布斯照样转得很好，阿里巴巴离了马云仍然很好。

第二，何必局限于自己的家庭，更不必局限于自身，把自己累个半死。

第三，中国市场经济发展这么多年，培养起来的本土职业经理人才比比皆是。事业只能传给自己的血亲，这是一种多么狭隘的认知，也是对企业制度没有自信的表现，更是会害了企业、毁了事业的短视。

那么，资本如何找到那个能帮你创造价值的人呢？不外乎内部和外部两大类方法。

内部有两种途径：一是家庭内部，就是基于血缘和姻亲等家庭关系，在家庭和家族的范围内寻找到那个能帮你创造价值的人。这种做法成功有两个假设：其一，外人/制度是不可靠的；其二，家族的人每一代都比别人优秀。显然这两个假设都是有问题的，另外，这种选择方法的致命缺点就是可选范围太窄，所以指望这种方法成功是比较难的。

目前，这种方法常见于家族企业的二代传承中。

二是公司内部。相较于在家族内部寻找，在公司内部寻找要靠谱很多。首先，公司内部实践在检验着每个人的能力，他作不了假；

其次，公司内部的可选范围比家族内部要广泛很多。所以，在公司内部找到这个价值创造者的成功概率更大。

这方面的案例有鲁南制药、美的的方洪波、阿里巴巴的张勇、苹果的库克、微软的萨提亚·纳德拉等。

在家庭与公司内部，如果找不到合适的人选，那么，扩大范围到行业内寻找也是可以的。这方面慕思就是很好的案例。行业内再不行，那就再扩大范围到行业外去寻找吧，作为一个决策者，其专业能力已经不再重要，重要的是其决策力、用人能力、领导力等。这方面带领大象跳舞的 IBM 的郭士纳就是很好的案例。

资本接力棒非要传给家人吗?

李海仓（1955 年 12 月 7 日—2003 年 1 月 22 日），山西海鑫钢铁集团创始人、董事长，民营钢铁大王。

出生在晋南平原闻喜县东镇川口村的李海仓，兄弟姐妹多，家境贫寒。为了摆脱贫穷，农民出身的他离开了土地，先是在村里办油房，建肥皂厂，还承包了镇上一个综合商店，后来走南闯北，发现了更大的生财之道，就是办煤炭转化实业项目——炼焦。

1987 年初，李海仓集资 40 万元，在山西运城闻喜县建起了第一家合股经营的洗煤焦化厂。此后，他几乎是以一年办一家新厂的速度在黄土地上建起了占地 3.6 平方千米，下设三铁焦化厂、海鑫钢铁有限公司、海鑫投资有限公司、海鑫轧钢有限公司、海鑫国际钢铁有限公司、海鑫房地产开发有限公司、海鑫鑫公水泥有限公司等七个独立法人企业，共有 14 个分厂、7300 多名职工，拥有总资产 30 亿元的大型民营企业集团——山西海鑫钢铁集团有限公司。

2003 年 1 月 22 日，李海仓意外身亡。

父亲突遭不幸，正在澳大利亚的儿子李兆会便被紧急征召回国，接替老爸的位置。

实际上，海鑫钢铁在接班人人选上，有很多选择。但是，子承父业等传统的观念限制了这个家族的视野，他们看到的只是家族内传承这些可选方案。家族内有三个人选：李海仓五弟李天虎、李海仓六弟李天杰和李兆会。

李天虎长期在海鑫集团供职，并连续 8 年担任海鑫集团总经理，在经验、人脉、能力等方面具有明显的优势；李天杰是从澳大利亚归来的留学生，也具有一定的企业管理能力；李兆会，时年 22 岁，正在澳大利亚就读企业管理专业，还没有毕业，根本就没有管理企业的任何经验。最终，家族的大家长——李海仓的父亲李春元力排众议，把最不适合的李兆会推上了董事长的位置，还成立了辅佐团队“总调度室”，副董事长辛存海、总经理李天虎均是“总调度室”成员，握有实际决策权。并专门设立了监事会主席、副主席两职，分别由李兆会的爷爷李春元和李兆会的母亲担任[8]。

2003 年 2 月 18 日，李兆会正式接班，任海鑫钢铁集团董事长兼总经理。

2003 年，海鑫钢铁集团总产值超过 50 亿元，上缴利税超过 10 亿元，为当地财政贡献 3 亿元。2004 年，海鑫钢铁集团完成总产值 70 亿元，实现利税 12 亿元。同年，海鑫钢铁集团被评为全国民企纳税第一。

此后，李兆会开始大举进军金融市场。

2004 年 10 月，李兆会以海鑫实业为平台，与中色股份达成协议，以接近 6 亿元的代价，分期取得后者手中的 1.6 亿多股民生银行股权。同月，李兆会又通过一家完全由其一手创立的公司，以近 6000 万元的价格，达成了收购华冠科技 21.25% 股权的协议。

2007 年，李兆会抛售近 1 亿股民生银行股票，套现逾 10 亿元，买入原南方证券持有的银华基金 21% 的股权。2008 年，李兆会增持民生人寿股份至 15.43%。

2009 年，李兆会家族在“新财富 500 富人榜”中排行第 39 位，财富总额高达 70 亿元。2010 年，李兆会凭借 100 亿元的财富，列胡润百富榜第 85 位。

来自金融市场的大幅盈利，让李兆会对父亲从事的传统钢铁生意早就看不上眼了。

2014 年，钢铁行业进入寒冬。企业遭遇大面积亏损，甚至一些民营钢企都难以为继。陷入经营困境的海鑫钢铁集团也不例外。与此同时，银行大幅抽贷，更让海鑫钢铁集团雪上加霜。

2014 年 9 月，海鑫钢铁集团正式进入破产重整阶段。

2020 年 5 月 22 日，海鑫钢铁集团五家公司的 843 笔应收款总价值为 22.19 亿元，在阿里司法平台开始打折拍卖，历经四次打折拍卖无人问津后，起拍价格也从最初的 1.4 亿元缩水至 5500 万元。

资本传承的目的究竟是什么？是为了家族控制还是为了基业长青？现在看来，基业长青才是目的。明白了这个目的，其他问题的答案就明确了。

资本的经营是不是一定要投资人本身来赤膊上阵？答案是没必要，

只要你找到那个能为你的资本创造价值、能将你的价值长期成功传承的人就行。

既然投资人本身都没必要赤膊上阵，其传承者还有必要是自己的嫡子正传吗？能者上就好。当初，在接班人问题上海鑫集团如果早明白这一点，或许不至于落得如此结局。

总之，资本的要务之一就是找到能够帮你增值的那个人。因为只有人才具有主观能动性，没有找到这个人，资本也会瞬间灰飞烟灭。

基业长青关键是找到价值创造者

说到慕思家居集团的案例，有两个看点：一是资方、老板王炳坤是如何处理资本与那个能帮助资本创造价值的人的关系的；二是职业经理人姚吉庆是如何做好创造价值这件事的。

1972 年 6 月出生的王炳坤，赤手空拳从一个打工仔做起，2004 年创立慕思，到 2022 年，也就是他 50 岁生日之际，慕思上市。王炳坤用 10 多年时间，创造出一个市值 200 亿元的健康睡眠企业。

2010 年，王炳坤总是忙到凌晨 2 点之后才能睡觉，没时间顾家，身体也忙坏了。但王炳坤就是想得开，懂得借力，懂得授权，说白了就是懂得找到那个能帮自己的资本增值的人。王炳坤自 2012 年就开始寻找职业经理人帮助自己打理事业，最终找到的这个人就是姚吉庆。

姚吉庆的到来让这个曾经令王炳坤力不从心的企业变了样，慕思业绩连续倍增，最终在 2022 年上市，成为健康睡眠领域的领导者，令很多企业家同行羡慕。王炳坤自己也进了胡润财富榜，成了东莞厚街首富。关键是王炳坤自己一下子摆脱了那种忙而乱的状态。上市答谢会那天，王炳坤说自己不再那么忙了，可以晚上早睡，有时间锻炼身体，也有时间体验家庭的温馨和幸福了。

作为“中国第一职业经理人”，价值创造者姚吉庆就更值得我们研究了。姚吉庆用10年时间，帮助王炳坤实现了把一个小家族企业做到上市的梦想。而实际上这只是姚吉庆职业生涯中的一个小段落，只是姚吉庆处理好资本—人关系能力的一个小见证。

姚吉庆1964年生于山西，大学学的是导弹发射架专业，曾在大山里的军工企业做着单调重复的工作，他自嘲说那个时候的他是个标准的技术宅男。但环境造就人的同时，人也可以改变环境，改变自己。姚吉庆的改变从1994年开始，那年他30岁。姚吉庆决定南下广州，改变人生。他先是在快消品行业历练，靠着自己的勤奋和聪明，在营销方面很快崭露头角。

1997年香港回归，姚吉庆作为市场总监加入了当时的华帝燃具，同年11月即晋升为营销部经理。1998年，姚吉庆不负众望，一年就引领公司实现了58%的增长。1999年仍实现了高位增长。这时候，华帝开始进行股权分离改革，即所有权与经营权分离，7 位老板集体退出企业的经营管理，委托一位总经理来操盘。姚吉庆成了大家的一致人选。

当然，姚吉庆没有让几位资方的老板失望，他带领华帝成为亚洲最大的灶具生产企业，年销量连续多年稳居全国冠军。根据当时国家信息中心的权威资料，华帝 2001 年一举囊括当年行业市场占有率、消费者提及率、品牌知名度三项第一。

这里有必要解释一下姚吉庆为什么被称为“中国第一职业经理人”。因为华帝被认为是中国第一家做股权分离改革、引入职业经理人的民营企业。当时国务院发展研究中心的经济学家吴敬琏专程来到华帝做深入调研，这个案例也被引入了很多大学的 MBA 案例库。所以，这个“第一职业经理人”非他莫属。当然，他这个“第一”还有另外两层含义，那就是：中国职业经理人在市场上持续存在时间最长（一直持续到现在），帮助企业资方打造最多领导品牌。

2002 年，作为职业经理人的姚吉庆有了尝试自己做老板的想法，于是与美加科技联合投资成立了威莱音响。一年时间就开店 1000 多家，发展到了行业第三的水平。但 2005—2006 年这个市场迅速萎缩。这时候奥克斯空调向他抛出了橄榄枝，他便重新开始做回职业经理人。

这次姚吉庆的创业经历也让他更深刻地反思自己的人生定位问题，多年后已经身为慕思总裁的他在接受凤凰家居记者采访时回忆这段经历说："威莱数码让我感觉到创业所需要的特质。创业者一定需要坚定的内心。另外，创业初期的人才比较少，作为老板你什么事都要亲力亲为，什么都要懂一点，创业实际上考验的是一个企业家的心态。我觉得我还是适合站在巨人的肩膀上前进，把一个已经具备一定基础和资源的企业带上另外一个高度，而不是从零开始创业，因为我受不了那种煎熬。有的老板确实厉害，自己创业成功后交给别人打理，然后再去创业。每个人的核心优势不同，一定要找到自己的核心优势。"

这是多么清醒的自我认知。应该说，一个好的职业经理人，一个意志坚定的职业经理人，既是他自己主动追求的结果，也是他所经历的各种事物综合改造的结果。

一艘没有方向的船，不管海上吹什么风都是逆风；一个没有方向的人，身边永远没有贵人。人，一旦悟透了人生，知道了自己的人生定位，别人就知道怎么与你打交道了。2006 年，贵人再次降临姚吉庆身边，奥克斯空调老板郑坚江邀他出任总经理。姚吉庆再次不辱使命，又一次成功帮助资方实现了快速增长和品牌战略转型。

2008 年，姚吉庆受欧派创始人姚良松之邀加入欧派任营销总裁。4 年时间，姚吉庆再次让市场见证奇迹，把欧派从一个橱柜品牌成功打造成中国整体厨房第一品牌。合同到期后，姚吉庆成功转到慕思担任慕思总裁。

慕思创始人王炳坤先生在他给姚吉庆的《赢家》专著写的序言中，不无感慨地说：在当下中国职业经理人与老板的故事中，分手亦是朋友尚属难得，分手之后双方还能常来常往，分享企业发展心得，尤为罕见，而姚总就做到了这一点。如姚吉庆还被作为功勋邀请参加华帝 20 周年庆典，被邀请参加欧派纪念大会等。

老板和职业经理人就是制片人和导演的关系，成就一部大片，需要双方合力，既需要市场投资决策者的洞察，更需要导演的卓越才能。

从资本的角度看，作为老板、作为资方就是找到那个能帮你创造价值的人。当然创业阶段这个人就是你自己这也没错，甚至整个创一代都由你作为领袖也不错。但是当你带领这个企业遇到瓶颈的时候，当你的企业需要传承接班的时候，你的眼光千万不要局限于自我、血缘、家庭，更不要因为这个而断送了企业的发展前景。在这方面，王炳坤是个聪明人：你只要能帮我把企业搞好，我可以让位给你！这绝对是一个值得学习的聪明的企业家!

从职业经理人的角度看，职业经理人既可以内部产生，如华帝时代的姚吉庆，是从企业一线拼杀出来的，可以就地提拔；也可以在外部产生，这个外部可以是本行业内本公司之外的，也可以是非本公司非本行业的。比如现任慕思总裁姚吉庆，几次行业大跨越都十分成功。其实，在现代企业管理模式下，在某些领域是可以跨越行业界限的。

一个优秀的职业经理人，是既经历过内心痛苦的选择过程，也经历过外在市场痛苦的煎熬过程的人，他是把创造价值作为自己的人生使命来对待的。只有这样的人，才是一个值得托付的职业经理人。

价值的创造主体是动态的

通过前面的案例我们看到：

价值创造的主体只有人；

资本只是价值创造的客体，它并不能主动创造价值；

资本的一大要务就是找到那个能帮你创造价值的人。

在上述逻辑中，价值创造的主体是动态的。为什么呢？

第一，价值创造的主体是人，人的生命是有限的。那人创造价值的活动当然是有结束的时候。

第二，人的精力、体力、能力是动态的。你年富力强的时候最具有价值创造能力，但随着年龄的增长，你的精力、体力、能力会慢慢无法支撑你的价值创造能力；此外，你的学习能力、综合能力等也会退化。总之，你的价值创造能力退化，就会被后来者超越。这就是运动员有黄金生命周期的原因，企业家、职业经理人与此同理。

第三，价值创造活动是动态的，也就是能创造价值的人不止你一个。根据帕累托原则，20% 的人创造了 80% 的价值，如果你不能成为最能帮助资本创造价值的那 20%，那你也是要退位让贤的。

明白了这个道理，对我们的价值创造活动有什么启发呢？企业新价值论可以给我们什么启发呢？

第一，从平台的角度讲，要随时建立一个动态的价值创造者备选库，也就是动态人才库。这个库里的人才一方面可以内部培养，另一方面可以外部选拔，关键时刻随时可以派上用场。

第二，从价值创造者的角度讲，在自己最能创造价值的时候，也要尊重平台，找准个人定位，不要挑战平台，没有了合适的平台，你的价值创造能力将成为无源之水、无本之木。当自己的价值创造能力衰退的时候，当属于自己的时代结束的时候，也要坦然接受，主动交接。

在华为早期发展历史上，李一男是一个传奇人物。

1970 年出生的李一男，15 岁就考上华中科技大学少年班，1992 年读研二的时候受师兄们的感召进入华为实习，1993 年毕业加入华为。

加入华为之后，李一男的技术天赋瞬间爆发，在万门程控交换机研发突破方面，几十个 G 的波分传输、代表未来的数据通信、通信技术的皇冠 GSM、CDMA 等都为华为立下了汗马功劳。

当然，任正非也慧眼识才，绝不让“雷锋”吃亏，所以李一男如鱼得水，创造了进入华为公司两天时间就升任华为工程师，半个月升任主任工程师，半年升任华为中央研究部副总经理，两年就被提拔为华为公司总工程师、中央研究部总裁，进入华为 4 年（1997 年）坐上了华为公司副总裁宝座的职场晋升纪录。

1998 年，李一男在华为到达了职业高峰。但这个时候李一男有了离开华为、自己出去创业的想法。2000 年，李一男提交辞呈。对于这位亲手培育的大将，任正非当然多次挽留，但李一男去意已决。

2000 年 12 月，任正非带领总监以上干部在深圳的五洲宾馆为李一男举行了盛大的欢送晚会，并给李一男结算了股权，李一男获得了 1000 万元的分红。靠着这笔巨款，李一男开始北上创业，这就是港湾网络。刚开始，港湾网络发展势头很好，第一年就达到了 1.47 亿元的销售额，第三年销售额达到了 10 亿元，江湖人称“小华为”，而且在很多业务上公开与华为竞争。

华为选择与港湾网络正面竞争。在华为的强大攻势下，港湾网络经营状况每况愈下，上市流产，人才大量流失。最终，港湾网络被华为收购。

回到华为的李一男被任命为“华为副总裁兼首席科学家”，但2008年李一男再度离开华为，跳槽到百度任CTO。2010年，李一男再次跳槽到中国移动旗下的无限讯奇公司。2011年，李一男再次辞职，加入金沙江创投，2015年创立小牛电动车。2015年6月，李一男因涉嫌内幕交易罪被深圳市公安局刑事拘留。2017年9月，深圳市中级人民法院二审判处其有期徒刑两年六个月，并处罚金750万元。

一代少年天才李一男，在离开华为这个大平台之后，命运一直非常坎坷，令人扼腕叹息。

而另一方面，作为平台的华为公司，却几乎没有受到人才撂挑子的影响。2008年，没有了李一男的华为营收首次突破1000亿元，达到1230亿元。2019年，华为营收高达8000多亿元，2022年营收也达到了6000多亿元。

李一男这样的天才离开华为，没有对华为的后期发展产生任何不良影响，主要原因就是，华为这个平台本身对人才的复制、培养能力很强。

鲁南制药要学习华为人才梯队的培养思路，要让各个岗位随时都有可以替代的备选人才，摆脱对个体人才的依赖，强化平台的力量。

我们必须承认，创业需要特质，不是任何人都可以创业的，更非所有创业都可以成功。

当然，作为平台，鲁南制药也在积极改革，这几年为想创业的人打造了适合内部创业的条件。如果员工真的想创业，对风险的承受能力很强，我们平台可以为其提供很多支持。目前进行的社交电商的尝试，就是鼓励大家在鲁南制药这个平台上“内部创业”，平台提供产品支持、营销支持、技术支持、品牌背书、风险把控等支持，只要你足够勤奋、足够优秀，就可以获得比别人高得多的收入。

企业传承就是价值创造能力的传承

在我看来，企业存在和发展的真实意义、价值是给社会提供优质的产品与服务，满足客户的需求；如果无法提供优质的产品和服务，企业就失去了存在的价值与意义。鲁南制药之所以能够在激烈的市场竞争中存活到今天，而且日子过得还相对不错，就是因为鲁南制药提供的产品和服务满足了市场上相当一部分人的需求，创造了价值。而那些被市场无情淘汰的同行，则是因为提供的产品和服务无法满足市场需求，无法创造价值。

传统意义上，企业的价值主要体现在实物资产的价值、品牌价值。其实，企业还有很多隐性价值，如智力资本价值（散落在企业各个组织内部）；企业家的价值；企业流程价值，尤其是大中型企业的流程；学习的价值（企业的学习力）；组织能力的价值；变革能力的价值；服务的价值；等等。

一个不容置疑的事实是，企业是否能够提供满足市场需求的产品和服务，即是否能够创造出价值，关键在于人才——能创造出核心价值的人才。

当下，中国企业的二代传承是个大问题，时代性的问题，因为按照中国民营企业的发展历史，创业的第一代正好到了退休的年龄，但他们手上积累了大量的财富，有的人已经登上了世界财富榜。对于如此巨大的财富，一、二代能否顺利交棒，这既是一个关系到家族命运兴衰的问题，也是一个关系到中国经济发展的动能能否顺利替换的问题。

对这个问题的探讨，并没有完整的理论指导，我们的企业界、资本界是摸着石头过河的。但这样走一步看一步的模式，存在巨大的风险。海鑫钢铁、力帆、老干妈、海翔药业等都是前车之鉴。

那这个问题究竟如何破解呢？

企业的二代传承问题实际上就是企业的价值创造能力的传承问题。唯有人才是真正创造价值的主体，只要找到那个能帮你创造价值的人，企业的二代传承问题便迎刃而解。

企业在创业期、创一代时期，可能企业家本人就是这个价值创造者。企业二代传承，绝对不是一个家族血脉传承的问题，更不是一个只能传内不能传外的狭隘的封建思想的问题。海鑫钢铁、力帆等就是因此而付出了代价。随着企业的壮大，我们的价值创造者概念要与时俱进。

我们要放眼世界，跳出家族内部、企业内部，在企业外部，在行业内、在国内、在世界范围内去寻找那个能帮助企业家族资本创造价值的人。眼界越开阔，可选范围越大。美的就是这方面的成功案例，华为也是在局部事业上可资借鉴的成功案例。慕思的王炳坤更是一个值得学习的有大胸怀的企业家案例。

当今，中国的市场经济发展了几十年，职业经理人市场已经是一个巨大的市场，你总能在这个市场上找到那个能帮你传承企业价值的人。“中国第一职业经理人”姚吉庆就是中国职业经理人的最佳代表，他的案例对大家很有启发。他横跨好几个行业，都可以无缝转移自己的管理才能，帮助资方创造价值，给资方寻找职业经理人提供了巨大的实证价值和信心。

新价值论再理解：儒、道、易、医和现代科学

通过前面的论证、案例我们已经看到：

价值创造的主体是动态的；

价值创造的核心要素也是变动的；

价值创造的各个要素之间必须协调一致才能创造最大的价值。

下面，我们将从一些特别的角度来理解这个结论，这些角度包括儒、道、易、医和现代科学等。

价值创造的核心要素是变动的

价值创造的核心要素是变动的。

比如，传统生产函数 $Q = f(L, K)$，说明人们认为价值创造只与劳动和资本有关。但到柯布－道格拉斯生产函数 $Q=AL^{a}K^{\beta}$，就考虑到

了一定技术条件 A 这个要素。但这都具有明显的工业时代的局限性。那个时代的人们怎么也想不到“数据”也会成为一种生产要素，这是只有发展到互联网时代人们才能具有的认知。所以，我们把企业新价值论的公式表示为 W=L×（K+T+N）（具体见前面的解释）。

那么，这个新价值论公式就是终极表示吗？肯定不是，因为世界是发展的，人们的认识也总是在不断地升级和变化的。

比如，宇宙中存在大量的暗物质，科学家研究后认为，暗物质的质量占宇宙物质总量的 90% 以上。暗物质是否具有价值？是否有价值创造力？目前人类还没有概念。

一般来说，人的主观能动性用到了物质和能量，他们的价值才能体现出来。比如我们在用手机通话、进行数据信息传递的时候，电磁波才被使用、才发挥作用；不用手机的时候，电磁波也一直存在，只是没有被我们使用，无法将价值体现出来。

再如，对物质价值的认知存在很多不同的角度，从一个角度看，它是没有价值的、无用的；从另一个角度看，它却具有极大的价值。例如檀香是从树木的伤疤中长出来的，所谓无用之用。塞翁失马，焉知非福？失马带回来一个小马驹，它就是福啊。那带回来一个小马驹焉知非祸？儿子骑马摔伤了，它就是祸啊。儿子摔伤了焉知非福？抓壮丁的时候有幸逃过一难，它不是福吗？这是矛盾论的观点。

企业价值创造的核心要素也是动态的

企业家经营企业的过程，就是寻找能够为企业创造价值的主体的过程，尤其是在特定时间、特定场景中，能够为企业创造最大价值，对企业的生存和发展起到决定性作用的价值创造主体。企业在不同发展阶段，其需要的核心要素、发展的核心动力源是不同的。比如在企业初创的时候，创始人非常重要，没有核心创始人，企业就不可能出现，这个时候，创始人就是最核心的价值创造要素。这里的创始人或许是一个人，或许是几个核心创始人。当企业发展到一定阶段，产品成熟、商业模式得到了验证，需要大量资金迅速扩大生产、占领更多市场的时候，扩大生产的投资就是价值创造的核心要素；当企业遭遇现金流枯竭，如果没有资金及时注入，企业就可能马上倒闭的时候，现金流就是企业创造价值的核心要素。这时候就会阶段性地把上市作为重点，作为解决企业发展问题的关键要素。

企业在不同阶段的关键要素一直在变化——可能是资本，也可能是技术，企业家要做的是通过人的主观能动性整合这些要素，让企业这台机器实现稳态的价值创造。

可见，企业内部价值创造的主体——人是动态的，价值创造的要素、核心要素都是变动的。

当然，能够为企业创造价值的人，也是要分成不同等级的。能够为企业创造最大价值的人，就是企业价值创造的核心骨干。但是，由于人的价值创造能力是动态变化的，尤其是市场变化后，原来能够创造最大价值的人可能无法再创造最大价值了，那么，原来创造价值的主体就发生了转移——企业家必须再去寻找下一个能够为企业创造最大价值的价值创造主体。企业家经营企业的过程，就是寻找持续创造价值的要素的动态过程。

正因为价值创造流动性很强，价值创造的主体也是动态变化的，所以企业经营的难度很大，企业家必须清晰地知道价值创造的流动节点、流动规律、企业价值创造主体的变化特点，去寻找能够为企业创造最大价值的核心要素。

这也是企业家找接班人难的原因。

要素之间的动态和谐共振才能创造最大的价值（现代科学）

我们前面列举了资本和企业家精神等这些要素相互关系的例子，如果它们和谐相处，就会创造更大价值；如果不能和谐相处，就不能创造价值，甚至亏空原来的价值导致倒闭等悲剧。

实际上，这跟现代科学的共振是一样的道理。

共振是物理现象，是指一个物理系统在特定频率和波长下，以比其他频率和波长更大的振幅做振动的情形。在共振频率和共振波长下，很小的周期振动便可产生很大的振动，因为系统储存了动能，这个物理系统在这个特定的频率和波长下趋于从周围环境吸收更多能量。自然中有许多地方有共振的现象，如天线的波长共振，太阳系一些类木行星的卫星之间的轨道共振，动物眼中视锥细胞对光的共振，量子力学里光子跃迁的共振等。

生产要素之间的共振是价值创造的物理学原理，不但如此，共振也可以解释很多其他现象。

一个人的能量越强大，吸收和处理信息的能力越强，这实际上是他的频率与周围主要要素之间能够达到和谐共振的具体表现。

人类为什么有天才，也可以用和谐共振来解释。

比如德国著名数学家、物理学家、天文学家、几何学家、大地测量学家高斯。12岁时，高斯开始怀疑元素几何学中的基础证明。16岁时，高斯预测在欧氏几何之外必然会产生一门完全不同的几何学，即非欧几里得几何学。他导出了二项式定理的一般形式，将其成功地运用在无穷级数，并发展了数学分析的理论。

有一款电动汽车叫特斯拉，这款车的名字来自一个天才，他的全称是尼古拉·特斯拉。特斯拉靠自学成才研发出了交流电发电与阐述系统，开启了人类广泛使用交流电的时代。

我们再看看牛顿，他在力学、光学、数学领域都获得了非凡的成就。牛顿还是诗人、哲学家、音乐鉴赏家、语言学家，他精通八种以上的语言，至少能阅读十一种文字，至少可以使用六种语言进行复杂的专业沟通。因此，牛顿被称为“全才”。

我们经常说，勤奋决定了你的下限，但天赋决定了你的上限。

我觉得，促成天才产生的信息（我称之为高维信息）一直在宇宙中飘荡，当一个人的大脑与那些高维信息共振以后，天才就出现了。因此，天才的出现具有一定的随机性。

另外，在社会学领域里，圣人的出现似乎也有一定的共振规律。

很多人在思考，孔子为什么会在山东诞生。除去历史、文化背景，我们或许也可以从地理、宇宙的角度解释。人类早期的四大文明基本上分布在北纬 40° 左右。这似乎不是一个孤立的现象。从地理、宇宙空间学的角度看，这些区域具有相近的振动频率。

就山东来看，其海岸线很长，几乎占全国的 1/4。有一些观点认为，大海有规律的涨潮退潮，会产生一定的振荡波。这些振荡波或许有一部分能量来自地球和宇宙；海洋线越长，接收来自宇宙和地球的振荡波的能力就越大。山东四季分明，气候变化非常明显，在某种程度上意味着山东接收来自地球和宇宙的振荡波的能力比较强。

有一些观点认为，海洋的振荡波、宇宙中的各种高维信息的传递都存在一定的频率。中国传统文化中说的天时地利人和，从这个角度上看，可能就是人与这些振荡波同频共振的结果。当然，就个体来说，一个人的能量越强大，吸收和处理信息的能力就越强。

和谐共振与《易经》

在《易经》的哲学中，宇宙间的一切事物都由阴阳两极构成，它们之间既对立又统一，相互依存、相互作用。这种相互作用产生了一种动态平衡，即和谐共振。

将这种哲学思想应用到我们的日常生活中，无论是个人还是组织，其价值创造的过程都遵循阴阳和谐共振的原则。在价值创造系统中，主体和客体是相互依存、相互作用的两个部分。主体是推动价值创造的动力源泉，而客体则是价值创造的对象或载体。只有当主体和客体之间达到一种和谐共振的状态时，才能创造出最大的价值。

如果试图将主体与客体割裂开来，那么就无法实现真正的价值创造。因为在这种情况下，主体和客体之间无法进行有效的互动和协作，也就无法产生和谐共振的效应。因此，在价值创造的过程中，我们必须注重主体与客体之间的平衡与协调，努力实现它们之间的和谐共振。

共振的高级形式：天人合一（道家）

要素之间和谐共振的高级形式就是天人合一，合乎大道才能创造最大的价值。这不正是道家哲学所倡导的吗？从这个意义上，道家哲学又给我们打开了另外一扇认识新价值论的窗户。

道家哲学主张“道法自然”，强调万物都应该遵循自然的规律，顺应自然的发展，也就是主体、客体要和谐共振。在价值创造的过程中，道家哲学提醒我们，要尊重事物本身的内在逻辑，避免过度干预和人为地复杂化。

道家哲学还强调“天人合一”，认为人与自然、人与社会、人与自我之间应该达到一种和谐统一的共振状态。这种和谐统一，不仅有助于个人的成长和发展，也有助于社会的和谐稳定。在价值创造的过程中，我们应该追求“天人合一”的境界，实现人与自然、人与社会、人与自我之间的和谐共生。

道家说“大道至简”，复杂的东西都不是“道”，这种复杂是主观复杂，是没有与“道”合一，没有找到“道”的表现。一旦找到了这种和谐共振，它就变得简单起来了。比如做实验要由简单到繁杂，然后再由繁杂到简单。你看，是不是这样一个过程？

不能和谐共振就会熵增（现代科学）

如果系统要素之间不能和谐共处，就会产生内耗（熵），内耗就会耗散能量，当能量耗尽，系统就会归于死寂。科学上有很多理论从不同角度说明了这个问题，如热力学第二定律、熵增定律、耗散结构理论和协同理论等。其中，比利时科学家伊利亚·普里戈津（I. Prigogine）于 20 世纪 70 年代提出的耗散结构理论还获得了 1977 年的诺贝尔化学奖。

熵其实就是表示这种内耗和混乱程度的物理学概念，无限熵增归于死寂的后果如何改变？那就是熵减，即从周围吸收和补充能量，如果不能减除这种熵或者补充足够的能量，死亡结果就不可避免。

这是西方科学的理论，那么东方智慧是如何解决这个问题的？这就不得不提到我们的中医。听完了你会明白大道至简，大道归一，原来讲的都是一回事。

东方智慧的熵增解决之道：中正平和（中医）

“中正平和”作为中医理论的核心理念，代表着一种动态的平衡与和谐。它作为一种解决熵增问题的东方智慧，可以延伸到个人的身体健康、心理修养、社会和谐以及宇宙观等方面。

在中医理论中，中正平和是健康状态的最佳描述。它强调的是阴阳平衡、五行调和，以及人体内部脏腑、气血、经络等各个方面的和谐统一。

中正平和的理念就是中医对熵增引起的无序和混乱的解决之道。中医通过调整人体内部的阴阳平衡、气血流通等方式，减少熵增现象的发生，实现身体的健康与和谐。

中医的中正平和，强调在情绪未起，即喜怒哀乐之未发的状态，称为“中”。这一状态代表了无欲无求，犹如婴儿般纯净无染，是人体最低能量消耗且潜能最大的阶段，是熵减的极致状态。中医的辟谷就是熵减的具体方法，它通过减少与外界的能量交换，使人体复位，处于低耗高效的生命状态。长时间言语交流会导致能量大量消耗，这也是人们说得过多易感疲惫的原因。

“中”，即找回初心，秉持中正，并以平和为修行的结果。其中，“中”是起点，而“正”则体现在对何时该停止、何时该行进的把握上，关键在于懂得适可而止。修行之路虽不同，却共同指向最初的出发点——那未发之情的境界。

“中”不仅是修行的起点，也是其最高理想所在。它要求我们从正道出发，保持平和的心态去实现这一目标。起点与终点相融，形成完整的修炼循环。“中”字恰似一面指引方向的旗帜，既是旅程的开端，也是归宿，不忘初心至关重要，修行便是不断努力回归这一初始状态。

借助药物等辅助手段治疗身体上的和心理上的疾病，就如同用笼头驯服狂野的马匹，可以帮助我们的身体恢复到更好的低熵状态，使情绪得以平和。在此过程中，达到“中”的手段就是“静”，内心的平静如同静谧的池塘，即使投入石子激起涟漪，也应迅速恢复平静，既不至于产生剧烈连锁反应，也不至于毫无反应陷入死寂，这便是内在修养的核心。

儒家提倡“内圣外王”，意味着个体内心修炼的同时，也要积极服务大众，确保自己与他人交往中行为举止适度，发而皆中节。发而皆中节的意思是，当人的情感或情绪自然流露时，如果能够适度且合乎节度，不超越规矩和分寸。正所谓“喜怒哀乐之未发谓之中，发而皆中节谓之和”。具体来说，“中”指的是情感或情绪未被触发时的状态，而“和”则是指在情感或情绪被触发后，能够保持适度且不失控的状态。这个概念不仅适用于情感表达，也适用于行为举止，即在任何情境下都能够遵守适宜的规则和分寸，从而达到和谐的状态。无论人群中的互动如何复杂，儒家认为，内心的安定和谐始终是各家修行的重要基石。

修行过程，以“平和”为目标，以“正”为方式，以“中”为起点和终点。从起点出发的时候是没有欲望的，但在进入社会的过程中，有很多欲望。跟着欲望走，心就不在了，你就不是你了。比如玩游戏的时候，你要主宰游戏；而当你沉迷于游戏的时候，实际上游戏就主导了你，那个时候你的心还在否？心丢了，就成了那种没能量的熵增状态。我们要做欲望的主人，而不是欲望的奴隶，要静以修身，俭以养德，找回我们自己，主宰自己。

中正平和在鲁南制药的实践

2023年11月25日，鲁南制药启达力健康文化馆建成开馆。鲁南制药启达力健康文化馆占地4000平方米，是目前国内面积最大的中医药单产品科技展馆。馆内，元宇宙、数字孪生、体感交互、AI等现代科技交织，博大精深的中医药文化与现代科学的生活方式结合，置身其中，不啻一场奇妙的科学之旅、文化之旅、健康之旅、工业之旅。

启达力是鲁南制药荆防颗粒、荆防合剂的商品名，是中药经典名方荆防败毒散的原方现代制剂。荆防败毒散是在“治疫第一方”人参败毒散的基础上去掉人参，加荆芥、防风而成，相较人参败毒散更透散平和。千百年来，荆防败毒散被历代医家广泛应用于瘟疫初起。如今，启达力不断为荆防败毒散赋予现代实用价值。新冠疫情期间，荆防颗粒、荆防合剂被全国 32 个省份推荐作为疫病防治方案和共识的方药，7 个省市推荐其用于新冠肺炎和流行性感冒的预防和治疗。荆防颗粒还被列入北京中医药大学发布的 2023 年冬季呼吸道感染性疾病治疗方案。

启达力健康文化馆从中医药的源头出发，通过探究启达力的千年传承创新，带领参观者了解背后的中医药原理。漫步展馆中，参观者可现场品尝荆防败毒散组方药材，了解中药命名知识，通过小游戏参与真假药材鉴别，学习传统炮制技术，以 11 味组方药材“配伍有道”互动装置和“经典药对”查询展台了解中医药君臣佐使配伍规律，以“引药归经”滑轨屏了解每味药材在人体十二条经络的归经之处，感受中医药对人体整体性调节的神奇魅力。

中正平和与修身齐家治国平天下（儒家）

儒家强调修身、齐家、治国、平天下，其中的“平天下”是指达到一种中正平和的状态，事实上，这里的“修齐治平”皆是我们“正”的过程，是达成“中”的手段。这要求我们在处理事务时，既不过度也不欠缺，恰到好处，即“过犹不及”。这需要我们掌握“度”的智慧，即要有节制，发而皆中节。正如身体的发炎反应，虽为自我修复机制，但过度发炎则可能引发疾病。同样，人们在摄取保健品时，过量补充也可能对肝、肾等器官造成负担。

中医讲究系统论与整体观，认为身体各部位相互关联，互为影响。在中医看来，保持中正平和的心态对身体健康至关重要。这种理念与现代科学对价值创造的理解相呼应：价值创造不能无限，需要有度，过度创造可能导致资源的浪费与价值的贬值。

在儒家的观念中，也包含命运，即先天之“命”与后天之“运”。先天之命，指的是个体出生时便携带的特质与条件；而后天之运，则是个体通过行为、努力与选择所塑造的人生轨迹。人这一辈子的命运，实际上就是中正平和的过程。

从儒、道、易、医的角度，我们可以对新价值论进行深入的解读。这些古老的智慧教导我们如何在生活中找到平衡，如何在追求价值的过程中保持中正平和的心态。这些智慧不仅让我们对新价值论有了更深刻的理解，还为我们提供了面对现代社会挑战的新视角。这种认知不仅是对事物的表面认识，更是对事物本质和规律的洞察。这种洞察力，就是所谓的大智慧。

综上所述，无论是儒家、道家还是中医，都强调中正平和的心态和智慧的重要性。这些智慧教导我们如何与世界和谐相处，如何在追求价值的过程中保持平衡。这些智慧不仅是人生的指南，也是我们面对现代社会挑战的重要武器。

中正平和与现代企业管理理论

现代企业管理理论的发展在很大程度上是一个不断逆人性的过程。企业存在的核心价值在于不断减少熵增，即对抗自然的无序化趋势，实现有序、高效的组织运作。这种熵减的过程，正是企业持续发展的动力源泉，而熵增则往往预示着企业的衰败。在这个过程中，“初心”成为一种对抗熵增的重要力量。它强调个体的社会属性与社会价值，通过提升人的认知水平，使人能够超越自我，更多地考虑公司和社会的利益，从而实现由内向外的转变。

自第二次世界大战以后，人类社会迅速进入知识经济时代。随着技术的不断精进和知识重要性的日益突显，管理变得更加复杂，管理的理论也迅速发展，发展过程如图 1.3 所示。其中需要重点一提的是人力资本理论的崛起，这种崛起不仅是人力资本的量的增加，更是质的提升。它突出强调人的主观能动性，人力资本开始越来越多地参与到剩余索取权和控制权的分享中，成为与货币资本并驾齐驱的力量。

人力资本理论的提出者，美国学者舒尔茨（Schults），因其深刻的洞见而荣获 1979 年的诺贝尔经济学奖。他明确指出，人力资本已经成为驱动经济增长的主要因素。在今天的经济环境中，优秀的人力资本可以吸引大量的货币资本，这从众多 VC、PE 争相投资优秀项目和团队的现象中可见一斑。

随着人力资本地位的提升，传统的委托代理关系受到了挑战。越来越多的学者开始提出，现代公司可以被视为人力资本和货币资本之间形成的一种平等契约。公司最终的控制权和所有权，不再单纯地取决于货币资本的多少，而是更多地取决于双方之间的“谈判力”。谁拥有的资源对企业更有价值，谁就拥有更强的谈判力，从而控制公司

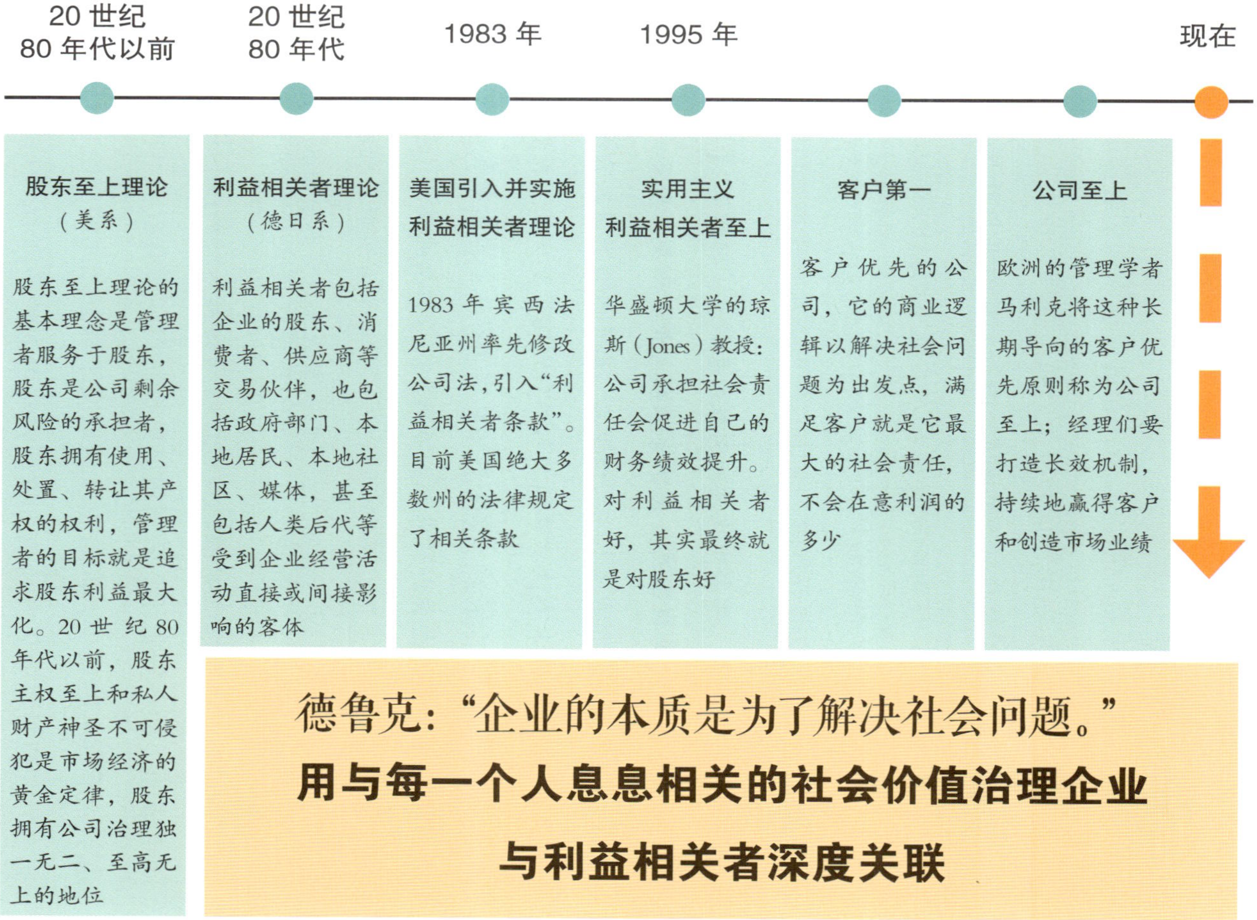

图 1.3　企业管理理论发展脉络

的发展方向。

实际上，这是一个人力资本和货币资本动态平衡、和谐共振从而创造价值的过程，即中正平和的过程。它要求企业管理者在追求经济效益的同时，不忘社会责任和人文关怀，实现企业的可持续发展。

同时，这种理念鼓励人力资本和货币资本在平等的基础上进行合作，共同推动企业的成长和进步。只有这样，企业才能在复杂多变的市场环境中立于不败之地，实现长期发展。

中正平和就是价值创造的过程

中正平和就是价值创造。

平和——也可以作公平讲，就是度。过犹不及，看似公平，只是形式公平，不是内容公平。如何通过合理方式满足个性需求，这也是社会分配的核心问题。从分的角度是公平的，一人一碗；但从受众的角度看，不一定公平，因为每个人的需求不同，有的人吃得多，有的人吃得少。要满足个性需求，就要去创造更多的价值。共产主义要实现按需分配，按需分配就要创造足够大的价值。

华为要求员工45岁退休，基本上只工作10年，这是保护员工。别人用30年获得的价值，在华为10年左右就获取了。在华为是高强度工作，高标准收入，时间轴缩短了。在价值逻辑上能对等的时候，就是平和。华为的成功就是价值创造和价值分配上的平和，这背后是强大的管理能力。华为创造价值的效率很高，分配价值的能力很强。这是华为参与竞争的核心秘密。

有些员工总觉得自己干得多、得到的少。公司一直在追求分配上的公平、公正、公开，但也不排除有些时候并没有做到，因为很多时候，改革需要循序渐进，需要一个过程。在改革还没有到位的时候，作为员工如果觉得自己受到了不公平待遇，应该怎么办?

我觉得需要用更宽容的心态、更包容的态度对待这个事情。如果真的是公司给你少了，那么，就是公司欠你的，你就成了债权人，债权人就有主动性了。

另外，员工在企业工作，所得的不只是工资、奖金等物质回报，还有一个非常重要的收获就是员工个人的成长。即使公司在经济等物质回报上真的给员工少了，员工也可以从中收获人个成长。因为经济等物质回报是公司给的，但员工的成长是自己可以掌控的。

公司只是给你提供一个平台。俗话说，师父领进门，修行靠个人。在公司工作也是这样，员工的学习、成长取决于员工自己。你可以埋怨公司现在给你少了，没有体现你的价值，但你只要真的成长起来了，你创造的价值大了，你自己的价值就大了，公司就不会视而不见，一定会给你增加工资、奖金。

从这个角度来说，你之所以觉得没有拿到你应得的，很多时候是因为你与其他人的差距还不够大，从公司层面很难非常准确地区分，或者说，不值得花费太多成本去区分。当你与其他人的差距足够大的时候，也就是你创造的价值远远超越了别人的时候，公司自然会看到你的价值，给你对应的回报。如果公司还看不到你的价值、不给你对应的价值回报，市场上自然会有其他公司给你。

在公司运营中，老板是最后兜底的人。整个公司那么多人，谁都可以随时撂挑子不干了，可以挑肥拣瘦，但是老板不能，老板必须负责到底。只有有这样的心态和能力的人，才有可能成为管理层、成为老板。鲁南制药人必须明白，你是在为自己工作，不只是为企业工作。工作的一个重要价值回报是个人能力的提升。

鲁南制药分配的原则是多劳多得。这个“劳”，不只是付出的劳动，还包括给公司做出的贡献、给公司创造的价值。换句话说，多劳多得其实就是多创造价值者多得，少创造价值者少得，不创造价值者不得。当然，在公司发展初期，尤其是品牌影响力、综合实力还不强的时候，要想创造更大的价值，就必须付出更多的劳动，就必须比别人更加勤奋、刻苦。这背后其实是以人的勤劳弥补公司在技术、品牌等其他方面积累的不足。

华为在原始积累期实施的就是多劳多得的分配方式。华为早期通过筛选获得了一批优秀人才，这批人才的特点是，人工成本相比跨国巨头低（人工成本基本上只有国际同行的 1/3），但能力并不比跨国同行差。通过这批人持续地高强度工作，以人工的数倍投入，华为弥补了早期没有品牌优势、缺乏技术积累优势等不足。从大量案例可以看出，这是公司发展的必经阶段，是众多公司，尤其是中国公司初期必须走的道路。

在价值评价和价值分配等方面，鲁南制药目前改革得还不到位。这有很大一部分因素是历史原因造成的，但这是必须改革的方向。我们会排除万难、逐步推进。

面对这些价值创造方面的问题，我们就要从顶层设计出发来解决，实现价值创造要素之间的动态和谐共振。有学者曾经提出，细节决定成败。从具体工作的层面来看，这有一定的道理，但从公司层面来看，其实是战略决定成败，关键是顶层设计，顶层设计科学合理、战略方向对了，一些操作层面的细节出现一些小失误也影响不大。顶层设计就是“中”，就是以终为始去获得竞争和发展的先发优势，在价值创造上获得动态的相对优势。当然，战略方向、顶层设计都是公司高层要考虑的事情。

新质生产力视角下的企业新价值论

在全球化和信息化迅速发展的今天，宏观层面，国家价值创造的方式发生了深刻变化，新质生产力这一理论应运而生；微观层面，企业的生产力来源和价值创造方式发生了深刻变化，基于新质生产力理论的企业新价值论模型，就是在这样的背景下总结出来的。

企业新价值论基于新质生产力理论

新质生产力不同于传统的生产力概念，后者主要依赖于土地、劳动和资本等物质要素。新质生产力则更多依赖于信息、知识和技术等无形资产，其主要特征包括：

（1）创新驱动：通过科技创新和知识创新实现更高的生产效率和经济增长。

（2）信息和知识：信息技术和知识管理在提升企业竞争力方面起着关键作用。

（3）人力资本：高素质的人力资源是新质生产力的重要组成部分，教育和培训可以显著提升劳动力的技能和知识水平。

（4）网络效应：互联网和信息网络的普及促进了知识和信息的快速传播和共享。

（5）可持续发展：强调资源的高效利用和环境保护，实现经济的可持续发展。

企业新价值论模型丰富了价值创造的要素，用公式表示为

$$W = L \times (K + T + N)$$

其中：W 表示商品的价值；L 表示活劳动，指具有主观能动性的价值创造主体的所有劳动；K 表示资本，包括物质资本和金融资本；T 表示技术生产要素；N 表示新的生产要素，如数据和互联网等。

这一模型强调了人在价值创造中的主动性、创新性，认为只有人才能主动创造价值，其他要素（如资本、技术、数据）需要通过人的作用才能实现其价值。

这一模型也强调了区别于土地、机器、资本等传统生产力要素的新的生产力要素，如数据、互联网、AI 等的应用。

新质生产力在企业管理中的体现

新质生产力是马克思主义价值理论与中国特色和时代特色相结合的结果，是国家宏观经济层面的指导理论。

企业新价值论是新质生产力在企业经营管理层面的具体体现，是企业微观层面对新质生产力具体实践应用的理论提炼。

新质生产力强调创新、技术进步和知识在现代经济中的核心作用。与传统生产力依赖于物质要素（如土地、劳动和资本）不同，新质生产力更多依赖于信息、知识和技术等无形资产。

基于新质生产力的理论，企业新价值论也强调了创新、知识和技术在价值创造中的重要作用，认为人的活动是价值创造的核心，其他要素需要通过人的作用才能实现其价值。

但是，企业新价值论只是新质生产力理论在企业经营管理层面的具体应用，因此，企业新价值论与新质生产力存在很多不同之处：

（1）侧重点不同。新质生产力更侧重于对生产要素的重新定义，强调无形资产的重要性；而企业新价值论模型更关注对价值创造要素的具体分解和量化，更强调人在价值创造中的主动作用。

（2）范围不同。新质生产力产生于国家对宏观经济的管理，涉及更广泛的宏观经济领域，包括技术、知识、人力资源等方面；而企业新价值论模型产生在企业管理的实践中，所以更侧重于企业内部的价值创造过程，对企业内部活动进行了更为具体的划分和量化。

（3）应用领域不同。新质生产力理论更适用于宏观经济层面的分析，探讨了整个经济体系中价值创造的机制和规律；而企业新价值论模型更适用于微观的企业管理层面的实践，提供了一种指导企业价值创造和管理的具体框架和方法。

新质生产力宏观上能够帮助国家更好地参与世界分工，实现民富国强；企业新价值论在微观上为企业提供了一种全新的价值创造和管理模式，能够帮助企业在激烈的市场竞争中脱颖而出。企业新价值论是新质生产力理论在企业管理层面的具体实践；这种具体实践又充分证明了新质生产力理论对现实的指导意义和正确性。

鲁南制药的新质生产力实践

技术创新与智能制造

鲁南制药通过技术创新和智能制造，显著提升了生产效率和产品竞争力。其数字中药产业化项目和奥利司他产业化建设项目，采用了国内外最先进的自动化、智能化生产线，极大地提高了生产效率和市场竞争力。这种通过技术创新提升生产力的做法，正是新质生产力在制药企业中的典型应用。

鲁南制药的技术创新不仅体现在生产线的自动化，还包括研发方面的持续投入。公司每年在研发上的投入占销售收入的比例高达10%，通过不断引进高端技术和设备，提升了药品的质量和生产效率。这样的大规模技术投入，使鲁南制药在激烈的市场竞争中占据了有利位置，证明了新质生产力理论的实践效果。

数据驱动与信息化管理

鲁南制药早在 2018 年就决定进行全面信息化建设，建立了云数据中心，以支撑公司未来大规模发展需要。通过打通线上线下渠道，实现销售行为的网络与传统的结合，助力公司智能化、数字化转型。这种数据驱动的信息化管理，极大地提升了企业的管理效率和市场响应能力，体现了新质生产力中信息和知识的重要性。

在数据管理方面，鲁南制药通过建立统一的数据平台，实现了企业内部信息的高度共享和集成。这样的数据管理系统不仅提高了运营效率，还增强了企业对市场变化的快速反应能力。例如，通过数据分析，鲁南制药能够及时调整生产计划，优化库存管理，减少了生产和销售的脱节，显著提升了企业整体的运营效率。

人力资本与企业家精神

鲁南制药非常重视高素质人才的引进和培养，特别是在科技研发方面的投入。刘忠和赵丽丽夫妇的例子，展示了高素质人力资本对企业技术创新和价值创造的巨大贡献。此外，企业家精神在鲁南制药的发展中发挥了重要作用，领导者的决策和创新精神是推动企业不断发展的关键因素。

鲁南制药通过建立完善的人才培养体系，不断提升员工的专业技能和创新能力。公司不仅提供大量的培训机会，还鼓励员工参与各类创新项目，通过激励机制提升员工的积极性和创造力。企业家精神和高素质的人力资本的结合，使鲁南制药在技术创新和市场拓展方面表现出色，进一步验证了新质生产力理论的实际应用效果。

实际上，在高科技制造业等其他行业，基于新质生产力理论的企业新价值论模型仍然可以发挥巨大作用。比如，美的集团通过不断的技术创新和对信息技术的深度应用，甚至不惜高价收购德国库卡机器人公司，实现了产品的不断升级和市场份额的稳步提升，其集团下属多个企业被评为“全球灯塔工厂”。美的的全球供应链管理和信息化生产系统，是新质生产力在高科技制造业中的典型案例。

小米作为高科技的“人、车、家”企业，更是新质生产力的典型代表。雷军在 3 小时的 SU7 发布会卖出去近 10 万台车，价值近 300 亿元，很多传统的造车同行一年也做不到这样的业绩，这里体现的也是新质生产力的作用。

企业新价值论模型具有适用性

鲁南制药通过技术创新和信息化管理，在生产效率和市场竞争力方面取得了显著提升。这一实证分析验证了新质生产力在现代企业中的实际应用效果，也是企业新价值论模型的实践成果，充分说明了新质生产力对企业管理实践的指导意义，具有普适性与推广价值。

基于新质生产力理论的企业新价值论模型，为现代企业提供了一种科学、系统的价值创造和管理模式。通过技术创新、信息化管理和高素质人力资本的运用，企业能够在激烈的市场竞争中脱颖而出，实现可持续发展。鲁南制药的案例充分展示了这一理论在实践中的巨大潜力和广泛适用性。

基于新质生产力理论的企业新价值论模型，不仅适用于制药企业，在高科技制造业、金融服务业和教育培训等其他行业中，同样具有广泛的适用性和推广价值，能够为各类企业在新时代背景下实现价值创造和可持续发展提供有力支持。

关于价值创造主体的争论

目前，关于价值创造主体的争论主要集中在以下两个方面。

第一，对价值创造的主体的定义。

有一种观点认为：主体就是主动输出的系统要素，客体就是被动输出的系统要素。按照这个概念，太阳是主动输出能量和价值的，所谓“阳春布德泽，万物生光辉”。土地也是主动输出能量和价值的，因为“土能生万物，土中有黄金”。水、空气也是主动输出能量和价值的，因为植物光合作用的三个必要条件就是水、空气和太阳，当然植物、动物都离不开土地。

从特定的角度看，这个概念的构建没有错。本书之所以没有使用这个概念，原因是：

（1）这个概念忽略了主体的“主观能动性”这一特征，导致了主体的泛化。

（2）这种主体泛化，不利于我们把“人”这一最重要的要素从复杂的现象中提炼出来，会让我们认为主体、客体甚至价值都是一回事。这就失去了我们构建这一概念的意义——人类对概念、思想的构建不就是为了让我们把纷繁复杂的事务看得更清楚吗？

（3）本书之所以采用更严格的对主体这一概念的构建方法，是因为这种理论建模的方法可以让我们更好地看清事物的本源，可以让我们更好地看到企业家精神和土地、资本等要素之间的区别。

第二，新技术的发展特别是人工智能 AI 发展对主体提出的挑战。

按照我们对主体的概念的定义，到目前为止，人是唯一具有主观能动性的价值创造主体。但现在 AI 技术的发展使很多人相信，未来，AI 机器人也可能具有主观能动性，能像人一样主动思考，主动行动，主动组织，主动集会，主动团结起来去整合资源，创造更大价值，这些我们可能在科幻片里面已经看到过了。但至少目前，这种状况还没有出现。这种人造出来机器，然后机器又战胜了人类的状况会否出现？我们现在难以回答。

但退一万步讲，即使这样的状况真的实现了，那不也正好证明了人的“主观能动性”才是人之所以区别于万物，人之所以成为万物之灵的最重要因素吗？不也正说明了我们构建的模型中把人的“主观能动性”抽离出来是正确的吗？

正如人工智能的先驱者、OpenAI的创始人马斯克所说：人类的主观能动性是宇宙中最宝贵的一缕烛光，不能让（人工智能）将它熄灭！

第 2 章
价值创造

02

知识经济时代，单一资本对企业发展的推动早已不是关键因素和核心要素。具有创新精神、能够不断自我增值，而且能为企业创造核心价值的人力资本才是推动企业发展的核心动力。这是新时代企业发展的新特征。

坚守行稳致远的长期价值

彼得·德鲁克在《管理自己》一书中写道：至于一个企业的经营是着眼于短期结果，还是注重长远发展，这同样是价值观问题。

高瓴投资的创始人、河南驻马店籍的张磊认为，高瓴模式是农耕文明，要精耕细作，把自己的事情做好，就能春播秋收创造价值，把好的企业家吸引过来。

其实，我觉得，鲁南制药的商业模式更像是农耕文明。熟悉北方农业工作的人都知道，农业需要精耕细作，且收获的周期很长，如果秋收后播种，一直到春夏之交才能收获。如果在东北，从播种到收获的时间更长。医药产业从新药研发到上市的周期也非常长，而且制药绝对需要足够的耐心、细心，绝不能出错。所以说，制药产业更像农耕文明，其突出特点就是长周期、长期价值。

这几年，投资界有一个很流行的说法——坚持长期价值投资。也就是说，如果看好一家公司的未来，就要耐得住寂寞、经得起诱惑，笃定这家公司的未来不动摇，最终可能得到较大的投资回报。

对于鲁南制药公司来说，我们也必须坚持长期价值，也就是重仓医药产业，在诱惑众多的时代里保持内心的笃定。当然，这并非说我们公司排斥其他有潜力的产品和服务。近几年我们在尝试一些比较看好的领域，但我们对这种尝试会非常谨慎，采取小步快跑的策略。

就我们每个员工、干部来说，也要坚持长期价值，需要有长期价值意识。这有两个含义：第一，要用长期价值的理念对待鲁南制药的成长。要对鲁南制药长期看好，内心笃定地为鲁南制药奉献自己的才干，与公司共成长，最终才能享有公司成长的红利。我们必须有足够的信心，鲁南制药的基本面非常好，战略清晰、团队团结，执行力、学习力强，这样的公司发展潜力可以预见。只要我们齐心协力，不怕困难、挑战困难、战胜困难，我们的发展目标一定可以实现。第二，要用长期价值的理念对待自己的成长。每个员工都要清晰地认识到，你在鲁南制药工作的时间越久、得到的锻炼越多、遭遇的困难越大、成长过程越曲折，你的价值积累就越大。

我们都要成为时间的朋友。因为时间会给你最公平的回报。

从人才成长的角度看，要想加快成长，就要到最艰苦的地方、最困难的地方，到企业最需要的地方，到市场最需要的地方，这些地方是最能创造价值的地方，去这里经风沐雨，接受考验，接受锻炼，百炼才能成钢。

人才成长也要耐得住寂寞，不能急功近利。通过干好工作，获得财富、权力、荣誉是常态。但是不能急，因为财富、权力、荣誉都是有重量的，获得太快了，承载不起，会把自己压垮。所以，人生在世，财富、权力、荣誉要慢慢来，等到自己能承载动时再获取它。《易经》所说的“厚德载物”就是这个意思。

人才成长一定要认识到平台的作用，一瓶矿泉水放在超市的价格是 1.5 元，放在机场是 6.5 元，放在五星级酒店是 16.5 元，这就是位置的作用、平台的力量。鲁南制药给所有员工一个施展才华的平台，就看你如何去施展。

有的员工看到别人给钱多一点就走，给钱少又想回来。是钱跟你还是你跟钱，这取决于你自己。因为薪酬多就跟别人走，那你是跟着钱走，不是钱跟你走。

如果自己是大海，就不要嫌弃涓涓细流，一点一滴地积累，这些东西总有归你的时候。不要高傲地炫才，不要担心全世界不知道自己。所以，要想追求持久的成功，就要把自己铸造成大海的胸怀，默默地一点一点积累。火急火燎，纵使天才遇到天时，也成不了大器。

员工的升值、增值，创造价值的能力才是公司的未来，每一个员工都要成长进步，都要在残酷的市场中活下来，活得更好，真正实现干 4 小时，拿人家干 40 小时的钱，我们才有未来，才有竞争力。

就业务人员来说，要在大投入的前提下，实现人生价值的提升。除物质奖励外，还要有精神奖励。我们很多销售人员人生第一份工作就来到了鲁南，希望在鲁南实现人生价值。特别是在当前复杂的市场形势下，我们要找到成功的信心、成功的感觉。鲁南制药的业务人员要勇于投入，敢于投入，在鲁南制药得到价值和能力的提升。

没有明天，只有今天。你的风险、你的贡献都要在今天管理好，不要拿明天作为一个托词。能够今天做到就今天做到，这叫“今日事今日毕”。

要坚持长期价值，就要不断学习。天下无难事，有志者成之；天下无易事，有恒者得之。每个人的学习都贵在坚持，持之以恒，每天学习一点，进步一点，日积月累，聚沙成塔，你的综合素质、工作能力就会逐步崭露头角。每天的学习，终会让你脱胎换骨，迈上人生新台阶，成就人生价值。

追求超越利润之上的价值

康德有一句名言：有两种东西，我对它们的思考越是深沉和持久，它们在我心中唤起的惊奇和敬畏就越日新月异，不断增长，这就是我头上的星空和心中的道德定律。

我们是医药企业，必须有严格的自我道德底线，有崇高追求的理想。

尽管作为一家商业公司，我们鲁南制药强调商业价值的创造，但也不能将追求商业价值作为唯一和第一目标。

在这方面，我们的一家同行是我们学习的榜样。

我们所在的医药行业有一家巨头公司——位于美国新泽西州肯尼沃斯市的默沙东，是一家致力于保护和关怀动物健康以及与其休戚与共的人类健康的公司。除处方药业务，默沙东在中国的业务还包括动物保健，近 50 种兽医产品涉及家畜、家禽和宠物的疾病预防、治疗及控制等多个领域。

默沙东全球共有员工约 70000 人。2022 年，默沙东全球销售总额达 593 亿美元。

可能很多人不知道，默沙东最初是德国著名化学公司默克的分公司。

1891 年，默克的父亲老乔治·默克来到纽约，创办了家族企业的美国分公司，但在第一次世界大战中被美国政府征收。1919 年，经营权又回到老默克手中，公司成为独立的美国化学与制药公司（即默克公司）。

默克 1894 年出生于美国的新泽西州，1918 年以优异的成绩毕业于哈佛大学化学专业，随即进入默克公司。1925 年，年仅 31 岁的默克接任了公司的总裁。哈佛的求学经历使默克极为注重公司的产品创新，接连做出影响世界医药发展的决策。1933 年，在他的主导下，默克公司在新泽西州成立了首个实验室，并于 1939 年起开始资助罗格斯大学的土壤微生物学专家、土壤微生物学主任塞尔曼·瓦克斯曼研发新的抗生素。

塞尔曼·瓦克斯曼成功发现了链霉素。默克公司随即申请专利并很快获权。链霉素是继青霉素后第二个生产并用于临床的抗生素，对很多青霉素无法杀灭的细菌有抗菌效果，特别对抗结核菌非常有效。它的发现开创了结核病治疗的新纪元，避免了无数结核病人的死亡。

当时正值第二次世界大战快要结束，日本和德国的细菌战对同盟国军队和平民造成巨大伤害。为了让链霉素快速扩大产能，默克在瓦克斯曼的提议下，放弃了链霉素专利权，将链霉素的专利权转让给罗格斯大学的一个非营利基金会，默克公司则与其他药厂共同开发和生产链霉素。该基金会以 2.5% 的销售额为条件进行专利许可，而默克只从这些收入中取得了 50 万美元。

第二次世界大战后，作为战败国的日本陷入饥荒和肺结核流行中，却无力购买链霉素，大量国民面临死亡的威胁。此时，默克做了一个从未做过的决定：免费向日本提供链霉素，并传授生产技术。

1950 年 12 月 1 日，乔治·默克发表了那段著名的演说：

应当永远铭记，药物是为人类而生产，不是为追求利润而制造的。只要坚守这一信念，利润必将随之而来。

1953 年，在默克的主导下，默克公司和沙东药厂合并，成为如今世界闻名的默沙东公司。而默克发表的那段著名言论，也奠定了默沙东不同于其他药企的基因。

默克所倡导的为人类健康而创新的精神在默沙东得到传承。

默沙东曾多次为欠发达国家和地区提供免费专利药品使用许可和生产技术。1989 年，默沙东与中国政府以极低的价格达成技术转让许可协议，向中国提供当时世界上最先进的基因工程乙肝疫苗生产技术，并帮助中国建设乙肝疫苗生产车间。时至今日，这些技术和设备仍在高效运作造福中国人民。

一家公司只有正确认识到自己所承担的社会责任与使命，才能在经营中恪守底线，获得商业利益与社会价值的统一。

我们鲁南制药也把价值观放在利润的前面，坚信价值观是企业真正核心的东西，那么利润将是做正确的事情后自然而然产生的结果。

秉承上述理念，我们鲁南制药每年大量捐赠药品，尤其是新冠疫情期间，我们捐赠了价值数亿元的“启达力荆防颗粒”。这是我们践行社会责任的重要表现之一。

价值是靠奋斗创造的

我们所有人都要充分认识到市场无限，追求无限；追求无限，市场无限。市场无限，追求无限，强调的是市场的容量；追求无限，市场无限，强调的是业务人员的主观能动性。在无限的市场，投入 100% 的努力，你就会收获 100% 的成绩。

价值是一点一滴创造得来的。鲁南制药的劳动模范以高度的主人翁责任感、卓越的劳动创造、忘我的拼搏奉献，为公司全体干部员工树立了学习的榜样。爱岗敬业、争创一流，艰苦奋斗、勇于创新，淡泊名利、甘于奉献的劳模精神，生动诠释了鲁南制药的核心价值观，是我们的宝贵精神财富和强大精神力量。

党的十八大以来，习近平总书记多次论述“幸福不会从天而降”“新时代是奋斗者的时代”“奋斗本身就是一种幸福”等重要观点，强调“幸福都是奋斗出来的”，深刻指出了幸福和价值的来源和真谛。

价值都是奋斗出来的，既有历史的逻辑，也是现实的必然。

中国人民自古就明白，世界上没有坐享其成的好事，要创造价值就要奋斗。回望历史，无论是“愚公移山”“精卫填海”“囊萤映雪”“悬梁刺股”等寓言故事，还是“自古雄才多磨难”“梅花香自苦寒来”“君子以自强不息”等古训格言，其中蕴含的艰苦奋斗和自强不息的精神一直是支撑中华民族绵延至今的文化基因、精神密码。

一部中华民族史，实际上就是一部中华民族艰苦卓绝、自强不息的奋斗史，是一部价值创造史。在新时代，决胜全面建成小康社会，开启全面建设社会主义现代化国家新征程，实现中华民族伟大复兴的中国梦，需要我们以永不懈怠的精神状态和一往无前的奋斗姿态奋勇前进。

我们要始终弘扬劳动精神、劳模精神，为鲁南制药的大发展汇聚强大正能量。劳动光荣、创造伟大是对人类文明进步规律的重要诠释。正是因为劳动创造，我们拥有了历史的辉煌；也正是因为劳动创造，我们拥有了今天的成就。

什么是奋斗？奋斗就是为了达到目的，克服困难而做的极度的努力。奋斗就是每一天很难，可一年比一年容易。不奋斗就是每天都很容易，可一年比一年难。奋斗是和艰苦联系在一起的。奋斗的过程一定很煎熬：没有苦痛的感受，不叫奋斗；不能挑战能力的极限，不叫奋斗。奋斗的过程就是浴火重生，凤凰涅槃，一定会提升我们的能力，推动我们成长进步。

中国的汉字很有意思，比如“困”这个字，一个人被封闭在有限的空间里，就叫“困”。困就是心走不出去，心走不出去就要困。从我们干事创业的角度来讲，我们不能故步自封，不能小富即安，不能因循守旧，要勇于打破条条框框，获得一片蓝天。“难”的字面意思是，你停下来了，心封住了，脚再不动弹。这告诉我们，一定要行动，要去大胆实践，要有很强的执行力，不能说而不做、做而无果。要勇于行动，要拿到结果。

困难只要突破了，就是竞争力。不要认为它是困难，困难是成功的垫脚石，想成长就必须克服困难。找难点就是突破。在内部，让资源发挥最大的效益，一定要打破部门墙。不要觉得你的问题就是你的问题。应该变成我的问题就是大家的问题，大家的问题就是我的问题，一定要有胸怀。如果做不到精神上的自我要求，就永远做不了顶尖的专家。为什么得来全不费工夫？因为功夫已经费完了，铁鞋都已经磨穿了。

要干事就会有困难，这是常识。没有困难就能大把捞钱的事风险很大，也不长久。所以，越想干大事就越困难。

鲁南制药绝对不可以出现累死干活的、轻松偷懒的现象。想死就舒服，不想死就要稍微难一些。企业的经营一定是在走从不舒服到舒服的循环。但是今天这个形势，如果我们坚持舒服，就只有一条路——死，没有选择。

因此，我们一定要认清自己，从今天开始，改变、投入、行动，唯有行动才能拯救我们自己。永远没有明天，就是今天，干、拼、抢！不干、不拼、不抢，干的程度不够、拼的程度不够、抢的程度不够，你是抢不到钱的。

鲁南制药正在做的是一项伟大的事业，这个事业不会自己实现。我们没有任何可以依赖的背景，只能靠我们所有员工、所有干部，艰苦奋斗地持续创造价值，才能最终实现。

工匠精神的本质是创造更高的价值

管理学上有一个理论“3 万小时定律”——一个人要想成为某个领域的专家，需要 3 万小时，而科研则需要更长的时间。

有一段时间，部分鲁南制药的科研人员缺乏工匠精神，这主要体现在几个方面。

其一，在收入上斤斤计较，与公司讨价还价。作为研发人员，如果不把解决问题、变革工艺作为自己的本职工作，跟公司讨价还价，你就永远不可能成为顶尖科学家。当然，鲁南制药也在不断改革，随着改革的深入，制度上的公平、公正、公开，鲁南制药尽可能做到不让“雷锋”吃亏，任何做了贡献的人，都能够得到与之匹配的收入。但是，公平公正很难做到绝对。总有一些地方会让人不满意。这就需要我们的员工对公司有一定的宽容度，在工作上有责任心、有职业化素质，不与公司斤斤计较。

其二，工匠精神就是十年如一日，心无旁骛，聚精会神，废寝忘食，做到工艺精益求精，满足每个细节的要求。所有的竞争力全在细节的完美，工匠精神的核心在细节。

常言说，十年磨一剑。希望我们科研人员用一辈子做好一个项目，但这是世界第一的项目，这叫工匠精神。

日本是一个信奉工匠精神的国家。根据联合国工业发展组织于 2014 年发布的世界各国工业竞争力报告，在日本 260 多万家公司中，百年以上的老店有 25321 家，超过 200 年的有 3939 家，300 年以上的有 1938 家，500 年以上的有 147 家，甚至超过 1000 年的企业竟然也有 21 家，长寿企业数量遥遥领先于世界其他国家。

这种工匠精神、专业精神在日本根深蒂固，从大制造企业的生产车间，到可能只有几个人的小作坊，都有明确的规章制度与分工，对工作人员的衣着打扮、工具器械、机器操作、制作流程等方面都有严格规定。日本的树研工业股份有限公司，用 10 年时间于 1998 年生产出世界上最轻的齿轮，只有十万分之一克，后来又生产出只有百万分之一克的“粉末齿轮”。这种齿轮有五个小齿，直径 0.147 毫米，宽 0.08 毫米，一粒米上可以放置 100 个这种齿轮，其精巧程度令人惊叹。

其三，工匠精神一定要创造出更高的价值。有的员工在生产线上工作了一辈子，但每天的工作都是在机械地重复，对于工作流程的改进、工作方法的提升、产品和包装品质的改善没有任何想法，没有任何贡献。这怎么能叫工匠精神？

所以，工匠精神有三个层次。

第一个层次是真心地热爱你的工作。这样你才有热情和主动性把它做好，才能经受得住一些委屈和挫折。当然，也许你一开始并不一定非常热爱自己的工作，但既然你接受了这份工作，就一定要培养起对这份工作的热爱。

第二个层次是将工作做到极致。大家如果去日本旅游，在大街上溜达一圈，你会发现他们的店铺招牌都做得非常漂亮，不论是材质还是设计，都恰到好处。这其实是日本人的做事风格——做什么事情都会做到极致。我们鲁南制药作为药品的生产者，理应对产品负责，理应对购买产品的消费者负责，而其中最基本的一条就是把产品做到最好。鲁南制药的每个人都要有这种极致精神的标准和要求。

第三个层次是善于学习和钻研，不断创造更高的价值。具有工匠精神的日本人从来不闭门造车，他们善于从世界范围的广度来关注技术发展的状况，不断地学习世界的最新技术，然后要么与自己原有的技术相结合，要么根据自己对技术和市场需求的理解把这项技术加以改进，做到更好。比如，半导体是美国人发明的，但是索尼公司把半导体技术和产品发展到极致，造就了庞大的民用电子市场，日本制造的电子产品风行世界。又如，汽车是欧洲人发明的，但是日本把汽车做到了性价比最高，日本汽车一度成为世界上最畅销的汽车。再如，美国人发明了 CCD 传感器，日本人却研发出了数码单反，并且品牌知名度超过了欧洲和美国老牌企业。前几年，很多中国人跑去日本买智能马桶盖。抽水式马桶是英国人发明的，但日本人在一个马桶盖上做了很多创新，加入了加热、温水洗净、暖风干燥、杀菌等多种功能。

鲁南制药的所有人员，都必须审视自己的工作，看一看如何提升自己的工作价值，如何在自己的岗位上落实工匠精神。

我们弘扬劳模精神、工匠精神，就是追求细节完美，就是追求创造更高的价值。我们要研究在固定的工序上怎么把细节做完美。我们讲创新引领，就是引领每一个人把自己本职工作的细节做到完美，做到无懈可击。

改革要以服务和价值为导向

我们改革的根本目的是企业更强大、员工更幸福、生活更美好。改革一定是让坏的变成好的、让好的变成更好的，让少数人受益变成多数人受益。

讲转型，“型”就是固有的习惯，思维习惯、行为习惯，转型就是把思维习惯转过来，转向以服务和价值为导向。

2023 年，是鲁南制药全面贯彻落实党的二十大精神的开局之年，我们的首要任务仍然是实现企业的绿色、低碳、高质量发展。鲁南制药要认真学习贯彻党的二十大精神，继续坚持“健康中国”“健康世界”的初心和使命，保障人民用药安全，我们要继续奋斗、顺势而为，用高品质产品和五心服务（诚心、贴心、细心、耐心、舒心）赢得消费者的尊重和认可；我们要未雨绸缪、兜牢底线，积极完成转型；我们要继续弘扬沂蒙精神（党群同心、军民情深、水乳交融、生死与共），发扬鲁南精神（不怕困难、挑战困难、战胜困难）、工匠精神，用心做药，凝心聚力助推“鲁南制药　百年品牌”目标的实现。

鲁南制药一直强调尊重员工，尊重价值。尊重员工的最好办法就是让员工的能力得到完美的发挥，价值得到充分的肯定。

随着越来越多的“80 后”“90 后”乃至“00 后”年轻人的加入，鲁南制药的人力资源结构发生了很大的变化。鲁南制药要建立与公司实际情况相匹配的人力资源管理制度；重视员工职业生涯规划；营造支持性、开放性的工作环境；通过各种途径增加员工归属感和获得感，实现岗位价值。增加岗位的附加值和体验值，增加岗位工作的参与度和自主性，更能适应“80 后”“90 后”乃至“00 后”年轻人的习惯和需求。

鲁南制药要向团队建设和管理要增长。这两年，我一直认为我们真正的短板在于团队建设和内部的细节管理，特别是管理人员的能力。鲁南制药的管理人员是“腰”，部长、主任、片长都是“腰”。“腰”硬不硬？能不能承上启下？这一点就是要求鲁南制药团队建设和内部管理确实做好。

鲁南制药要精准应对全国的带量采购。业务员和部长都要分析市场，带量采购全国推广，价格一致，既然这些品种不用咱们操心了，那么要考虑的就是没有进行带量采购的产品。

当前我们最大的问题不是竞争对手，也不完全是人才、技术和资金，这三要素没有管理形不成力量，没有服务达不到目标。当下我们最大的对手是我们自己内部的变革，即要加快转型升级，而转型升级最大的问题就是管理和服务的进步。

我们以往都强调对个人的健康、对自己的生命进行管理，改革就是对企业的健康和生命进行管理，让企业变得更强、活得更好、活得更久。

管理的根本目的是管理的“效率”最大化，而经营的根本目的是经营的“效益”最大化。一个效率、一个效益，二者相互依赖、共同作用。好的企业一定是管理和经营的完美结合与动态均衡，这样才会发挥出最大效能。

鲁南制药现在改革的目标就是要补齐管理的“短板”。依靠管理整体上的高效率实现经营上的高效益，形成我们的高绩效新文化。干同样的活，用更少的投入，获得更大的收益，这就是我们转型升级的终极目标。

商业史从来没有真正的终局，只有以终为始，站得更高才能看得更远、走得更稳。

企业有两个问题，一个是方向问题，一个是过程问题。方向定了之后，怎么拿到我们想要的结果，这就是过程。管理更多地去管这个过程，经营更多地去管这个方向。当方向对的时候，我们就应把细节做好，把过程做好。如果方向不对，怎么做管理都是错的。

我们必须思考企业的核心竞争力是什么。每个人每天所做的工作是在增加核心竞争力，还是在消耗核心竞争力？保持进化最大的价值在于竞争对手会消失，而自己才是真正的竞争对手。

好钢用到刀刃上，从管理学上讲，要给创造价值的部门匹配更多的人员、匹配更高的支撑，让它多创造价值。最终，管理管的是价值，管理是让价值体现出来，让能产生价值的人产生更多的价值，这叫价值回归。

充分发挥文化的价值

美国麻省理工斯隆商学院荣誉退休教授、“企业文化之父”Edgar Schein（沙因）博士认为，文化是一个集体的财富。无论什么团体，只要有足够的共同经历，文化就开始形成了。我们在各种小团队、家族或车间里，都会发现文化的踪影。文化也产生于具有共同的职业核心和共同经历的各种部门、业务群体及组织单元里。在每一个等级都可以找到文化。只要拥有足够长的共同历史，文化就可以在整个组织中生存。甚至在整个行业中也有文化，因为整个行业的人拥有共同的职业背景。最后，由于共同的语言、民族背景、宗教信仰和经历，文化还存在于各种地区和国家中。

文化至关重要，因为它是强大的、潜在的，并且经常是无意识的一组力量，它决定了个人和集体的行为、感知方式、思维模式和价值观。组织文化特别重要，因为文化要素决定了战略、目标和运营模式。领导人和高级经理的价值观与思维模式部分取决于他们自身的文化背景，以及他们共同拥有的经历。如果我们想要组织更加富有效率和成效，我们必须理解文化在组织生活中扮演的角色。

鲁南制药有非常独特的、优秀的企业文化。以赵志全为代表的老一代创业者，尤其是赵志全的时代楷模精神，是任何其他同行公司都无法拥有、无法模仿、无法到达的文化高度。这是鲁南制药最宝贵、最核心的企业文化的重要内容。

鲁南制药有非常精彩的时代楷模赵志全的故事、有崇高而丰富的赵志全同志的精神内涵。这是我们在文化上的核心竞争力，这是我们在营销上的“独门绝技”。很多时候，我们的客户并不太关心产品，因为很多产品同质化现象非常严重，大家的产品都差不多，品质接近、价格接近，这个时候，起决定因素的不再是产品本身，而是产品之外的因素。

我们最为独特的鲁南制药的文化，就是我们在产品之外最具竞争力的要素。讲好鲁南故事，其实就是一定要把赵总的故事讲好，人品即药品。不同企业之间的文化是有差异的，我们的鲁南文化与其他企业的差异就是我们的特色。

我们鲁南制药的 Logo，其设计理念是一朵荷花，一朵高洁的荷花。

我们鲁南人要走向全世界，绝不能以非理想的方式去达到，不能偷，不能抢，必须靠实干，必须靠为社会做贡献，必须靠社会价值的创造，这才是我们要求的。

正确认识品牌宣传的价值

根据劳动价值理论，品牌价值是品牌客户、渠道成员和母公司等方面采取的一系列联合行动，能使该品牌产品获得比未取得品牌名称时更大的销量和更多的利益，还能使该品牌在竞争中获得更强劲、更稳定、更特殊的优势。

上述定义强调了品牌价值的构成因素和形成原因。而根据新古典主义价值理论，品牌价值反映了人们是否继续购买某一品牌的意愿，可由顾客忠诚度以及细分市场等指标测度，这一定义侧重于通过顾客的效用感受来评价品牌价值。

由此可以看出，品牌作为一种无形资产之所以有价值，不仅在于品牌形成与发展过程中蕴含的沉淀成本，还在于它是否能为相关主体带来价值，即是否能为其创造主体带来更高的溢价以及未来稳定的收益，是否能满足使用主体一系列情感和功能效用。

所以，品牌价值是企业和消费者相互联系作用形成的一个系统概念。它体现在企业通过对品牌的专有和垄断获得的物质文化等综合价值，以及消费者通过对品牌的购买和使用获得的功能价值和情感价值。

按照美国公认会计原则的阐述，品牌作为无形资产具有无限的生命力，美国公司必须在资产负债表上将所购并的公司的商誉资本化。品牌价值不需要在损益表上摊销，但要经过年度亏损检验，如果价值下降，则其结存价值必须降低。

现代社会是一个信息泛滥成灾的社会。在古代好酒不怕巷子深，但现在酒好也怕巷子深。如果不宣传，企业的品牌就会一直籍籍无名。不进行正能量的宣传、正向的宣传，你的品牌就处于自生自灭、无知无觉的状态中；宣传中出现了负向的东西，不及时去纠正和弥补，你的品牌就会被伤害。

企业通过品牌价值创新可以提高顾客的感知价值，降低顾客对购买价格的敏感度。品牌价值创新，有助于顾客整理、加工有关品牌价值信息，简化顾客购买程序。通过品牌价值创新，能够增强顾客对相关产品广泛持久的信赖关系，增强顾客的购买信心，提高忠诚度，增加重复购买的频率和购买种类。

品牌还可以提升企业和产品的形象价值，为企业创造价值，促进品牌声誉的价值溢出，促进品牌资产的扩张，建立竞争对手进入的有效屏障。

正因为品牌如此重要，鲁南制药才非常重视品牌的建设与宣传。宣传的意义有两个，一个是规模效应，一个是边际效应。我们花钱出去买资源、做广告、对外宣传，也通过公众号、小程序等工具、渠道宣传。我们不能认为买回来的外面的宣传资源有价值，公司自有的资源没有价值，从来不把自己当价值，不去发挥价值。应该说，外部的资源和我们内部的宣传资源都很有价值，都必须给予充分的重视。外部的资源，我们可以花钱请人做；内部的资源必须由我们自己做，由我们每个员工、每个员工的家人一起做。我们鲁南制药有 2 万名员工，每个员工有几十个朋友、有四五个家人，我们每个人可以影响的人至少有上百个，我们 2 万名员工的朋友圈一起宣传就是几百万量级的影响力。这是一个庞大的宣传工具，我们必须用好，不能守着金饭碗去要饭。

我们必须改变对宣传的认识，说得不好就要好好干，干得好就把你干的表达出来。希望我们的员工宣传正能量，像太阳一样给别人温暖，至少给别人光亮。宣传的目标方向是产品推广，产品推广是建立在企业品牌推广之上的，要认识到宣传沂蒙精神，宣传时代楷模精神，其实是品牌的高站位。

宣传到底想干啥？毛主席说过一句话，战士有两杆枪，一杆用来打仗，一杆用来宣传。宣传有多重要？宣传其实很简单，让你知道我是谁，我是什么样的人，我能为你提供什么，最后你能不能支持我。从需求导向来讲，宣传是满足对方的需求。

为什么说宣传是种能力？只有能力提高了，才能恰如其分地宣传公司、宣传产品，包括宣传你个人。其实你有多优秀你都不知道，你要想办法把你的优秀之处整理好，就像写简历一样。

宣传就是要用美好的心灵发现生活的美好。你眼里有光的时候你才能向外投射。大家要愿意发现身边人、身边事，宣传更多的是凝聚人心，凝聚我们干事创业的力量。把你自己的本职工作干好，就值得表扬，在这个基础上能宣传，能把你的知识体系传递出去，让他人能从你身上获取价值，创造更大的价值，这叫美美与共。

身体健康才能创造价值

人生有两大投资：一是身体健康，二是学习。身体是一切的资本；学习可以明智医愚。在万物通胀的时代，唯健康与学习可以永远跑赢通货膨胀，而且锁定人生收益。

我常说，健康是 1，其他是 0，要想让 0 发挥作用，要先管理好 1。人生既要有宽度，更要有长度。

有资料显示，人类疾病有 60% 来源于不良的生活方式。而在中国，那些企业家，那些金领、银领和白领，却长期陷入久坐少运动、烟酒过度、饮食无规律及结构不合理等一系列的不良的生活习惯而不能自拔，企业领导人更是超负荷工作。对于一个现代的企业来讲，员工群体的健康问题已经上升到关乎企业价值，乃至生存状况的高度。

鲁南制药的每个人都健康了，每个人都成长了，公司也就健康了、发展了。无论对个人、对公司，健康成长、健康发展都是我们共同的奋斗目标。如果不关心自己的健康，就是没尽到责任；公司做健康管理，是为员工多操心，要设立健康基金，督促员工做好健康管理。公司培养人才不容易，身体出了问题，就是对公司的不负责任。从另一个角度来说，为人民服务，既要有高度、有宽度，也要有长度。

我们既要艰苦奋斗，将鲁南制药的事业稳步推进，实现我们的伟大目标，又要通过建立良好的生活习惯、工作习惯、运动习惯，将自己的身体搞好。我们自己是从事医药健康产业的，如果我们自己的身体都搞不好，那是有愧于我们所从事的这个行业的。当然，健康并非通过良好的生活和工作习惯就可以做到，在很大程度上也与遗传有关。但大量的事实表明，健康的生活方式、工作习惯，可以有效地改善人体的健康状况，延年益寿。将工作做好，将身体健康搞好，这是每个人都必须争取的目标；有了健康的身体才能做好工作，才能创造价值。

苦劳转化成功劳才有价值

劳动创造价值，但是劳动也可以创造负向价值。我们把公司经营好，就是不让劳动创造负向价值。

我们是一个商业组织，必须讲究投入与产出比；我们有众多股东，必须考虑给股东的回报问题。这决定了我们必须以结果为导向，以贡献论英雄，而不是论资排辈。

管理只对绩效负责。对绩效没有正向影响的管理是无效管理。

企业要的是劳动成果，而不是劳动，因为劳动是不值钱的，只有把劳动转化为商品才能体现出劳动的价值。

企业不是试验田，除了令人眼前一亮的新的管理工具和新的管理概念，企业更需要的是实实在在的经营结果，所以，正确的选择是回归企业经营本质的基本元素。企业应该关心的是如何围绕经营本质的基本元素来展开工作。在鲁南制药，实实在在的经营成果就是实现我们的经营目标，这主要依靠本质的四个元素：价值、成本、规模和盈利来体现。

为此，我们必须采取绩效考评制度，绩效是希望未来的团队有更强大的战斗力。希望大家能够记住，薪水是奖励苦劳的，奖金是奖励功劳的。

在我们鲁南制药，无功便是过。只要你不断付出，坚持到成功的那一刻，你前面的“苦劳”就成为功劳的奠基石。如果你不能等到胜利的那一刻，苦劳就是无用的。从企业生存角度来讲，如果你不能把苦劳转成功劳，我们就不提倡这样的苦劳；无论我们是做实验还是做生产，特别是做实验一定要坚持到成功，让苦劳一定要转化成功劳。艰苦奋斗，就是说只有你感到艰难困苦，那才说明你奋斗过。坐在这里什么都不做，没有困难，没有那种困难苦难的感受，是不能叫艰苦奋斗的。所以，我一直希望大家在上班的时候、在成长的过程中，一定要有“艰苦”的感受。当你真切感受艰苦的意义时，奋斗才有价值。

我们一直提倡知行合一。我们怎么做到知行合一？知行合一就是价值创造和行动要完美结合起来。行动一定要体现价值的输出、服务的输出，这就叫知行合一。如果我的工作不能输出服务，也不能输出价值创造，就要反向地思考，怎么才能输出。我一直认为，知行合一就是说我们要回到价值层面上来。劳动创造价值，我们要回归到价值本质。

如果一个人在鲁南制药工作很长时间，但贡献不大，甚至还有很多负面影响，那么我们必须让他离开。对于公司来说，这位员工耗费了人力、时间、资金等各种资源，但没有创造出应有的价值，这对于我们这个商业组织来说，就是资源的浪费，就是对股东的不负责。对于这位员工来说，是浪费了时间，自己没有成长，也没有获得应有的经济回报，毫无意义。可见，无论是对于个人还是公司，再多的苦劳都毫无意义。

没有功劳、只有苦劳的原因无外乎几个：有心工作但能力不够；能力有余但无心工作。如果是非常上进、愿意学习的人，但因为能力不够，没有功劳，我们可以给予机会，让你继续学习、提升自己的工作能力，尽快取得功劳。我相信，用心学习、积极勤奋的人，早晚会有功劳。对于有能力，但对工作不上心，导致没有功劳的人，我们只能请他离开。

让员工具备价值变现能力

严到底是爱还是恨？“严是爱，宽是害，不管不问要变坏。”严格要求员工，不是对他苛刻，而是对他的关心和爱护。我们要把这句话理直气壮地讲出来，要让他具备能力，具备创造价值的能力，具备价值变现能力。这些我们都要去好好落实。

我经常说，严格就是大爱，纵容就是大害。

这里有两层意思。

首先，从业绩的角度看，如果真的爱员工，就考核他，要求他，逼迫他成长。如果碍于情面，低目标，低要求，只是养了一群小绵羊，这是对伙伴前途最大的伤害！因为这只会助长他们的贪婪、无知和懒惰。让下级因为领导而成长，拥有正确的人生观、价值观，并具备完善的品行，就是领导对下属最伟大的爱！

俗话说，强将手下无弱兵。领导对员工严格要求，才会有员工的快速成长。对你有严格要求的领导，才是能真正帮助你成长的好领导。使我痛苦者，必使我强大！任何强大的公司都不会给下属安全感，而是会用最严苛的方式激励每个人变得强大，自强不息！凡是想办法给下属安全感的公司都会毁灭，因为再强大的人，在温顺的环境中都会失去狼性！

凡是想方设法逼出员工能力、开发员工潜力的公司都会升腾不息，因为在这种环境下，要么变成狼，要么被狼吃掉！最不给员工安全感的公司，其实给了员工真正的安全感，因为逼出了他们的强大，逼出了他们的成长，也因此他们有了未来！如果真的爱你的下属，就培训他，要求他，高要求，高目标，高标准，逼迫他成长！

一只幼鹰出生后，需要成百上千次的训练，否则就不能获得母亲口中的食物；再大点，母鹰把幼鹰带到高处，或树边或悬崖上，然后把它们摔下去；飞翔的幼鹰将面临最后的考验，因为它们那正成长的翅膀会被母亲残忍地折断大部分骨骼。通过层层训练的幼鹰才能成为真正的天空的王者，生存于残酷的大自然中。

史玉柱在他的书中提到，和马云在飞机上讨论“企业家一定要是坏人”，两人谈得很投机。事实上，不光史玉柱和马云，“坏老板”的案例比比皆是。无数证据表明，“坏老板”领导团队的执行力远远胜过“好老板”。因为“坏老板”有更坚强的神经，更与众不同的思维模式，敢于打破常规的圈囿，突破习惯的桎梏和传统的束缚。商业竞争毕竟是一场“打硬球”的游戏，狭路相逢“坏”者胜，归根结底是“坏人”(硬汉)和“坏人”(硬汉)之间的竞争。

其次，从法律法规来看，严格要求，看似不近人情，实际上保护了干部和员工，维护了公司的利益。

坚决按制度管理，维护了公司的利益，同时又易于让被管理人养成良好的习惯，去除不良想法，得到成长，最终公司和个人双双受益。而纵容犯错误的同事，不仅损害了公司的利益，也助长了同事的侥幸心理，容易使之从偶然犯错，发展成为惯性犯错，最终酿成大错。这是一个双输的结果。

之前我们对一些犯错误的员工过于宽容，看似是出于对员工的爱，实际上却是在害员工！为维护公司的利益，同时更好地保护同事，鲁南制药成立了审计监察部，其职责主要是制定有关规定，对管理层进行相关培训、监察，堵塞漏洞，并对违反有关法规的同事按照规定进行处罚。很多部门不喜欢甚至排斥审计监察部，但实际上，这是一个对各个部门都很有好处的部门。

制度是绝情的，管理是无情的，执行是合情的。

我希望我们的监察部门好好理解“严格就是大爱，纵容就是大害”的意思，严格履行职责，维护好公司的利益，保护好我们的同事。

鲁南制药的干部一定要让员工学到本事，特别是让想学本事的人学到真本事。在鲁南制药学到本事，在外面才能更好地释放他的价值。他被其他企业挖去做了老总，或者创业成功做了老板，我们真心为他感到骄傲，那才是鲁南制药真正的强大。

我们也要建立读书分享会，一个月读一本书，要学以致用，不然学的是知识，不是价值。只有把知识运用到工作中产生价值，才真正是知识改变命运。学以致用才是学的真正价值。

李强总理说“高手在民间”。这说的就是普通人的智慧。稻盛和夫说，“工作现场有神灵”，意思是说在一线的员工才能知道问题的所在，才能找到解决问题的办法。

创新不只是管理人员的事情，必须重视一线员工的创造力、创新能力。否则，鲁南制药最有效的创造性资产就被浪费了。把一线员工的创造力和潜力充分激发出来，鲁南制药就会具有明显的竞争优势。

海底捞就是一家充分发挥一线员工创造性的好公司。在海底捞发展史上有一个普通员工功不可没，那就是 1995 年 1 月加入海底捞成为服务员的 17 岁姑娘杨丽娟，她也是海底捞最早的一批员工。杨丽娟干活利索，不怕吃苦，忠心耿耿，加上颇有管理天赋，深谙生意之道。随着海底捞的迅速扩展，踏实能干的杨丽娟逐渐受到重用，1997 年，打拼两年的杨丽娟已经被提拔为四川海底捞经理。2001 年，杨丽娟成为海底捞的核心员工，并成为海底捞十大原始出资人之一，晋升为董事。

我们也要充分重视、发挥一线员工的创造力。鲁南制药需要明白，只有优秀的人在一线，企业才能够获得最直接、最快速的优势。企业必须真正了解一线员工到底掌握了什么技能，他们的能力和水平决定了企业服务的品质；这些员工也直接决定着公司的投入产出是否最大化，更加直接决定着公司的成本有效性和最直接的竞争力。

工作是有灵性的，产品是有感情的。鲁南品牌靠时间，靠每一名员工的精雕细琢，靠成就客户的生活与生命价值来上色、淬炼。

鲁南制药要营造人人参与创新、事事围绕创新的工作氛围，让创新贯穿我们工作的每一个步骤，真正调动每一名员工的工作积极性和主观能动性，真正让员工成为创新的主体、创新的主人，真正让员工不断提高，不断进步，焕发活力，成长成才。

鲁南制药作为一个平台，除了给员工提供工资、奖金等经济收益，还给员工提供了培训、工作机会，让员工从一个“小白”，逐步成为一名合格的员工，最终成为一名优秀的员工、核心骨干，乃至公司管理层、高层。如果说，员工们通过工作成果，从公司获取的经济收益是一种直接收益，那么，公司给员工提供的工作机会、培训，让员工得到成长，获得一定的成就，实现个人的价值，可谓是员工从公司获得的间接收益。

很多员工对于手里拿到的直接收益都非常清楚，但经常有意无意地忘记了间接收益。有些员工当遇到同行给出高薪挖墙脚的时候，会出现动摇，想跳槽。这些员工大部分认为，自己从鲁南制药获得的经济回报太少了，鲁南制药“亏欠”自己的，因此想跳槽。这显然忽视了鲁南制药对他的培养、给他提供的工作机会等间接收益，这是公司给员工提供的潜在价值。

毫不客气地说，我们鲁南制药在员工培养上下的功夫很大，培训体系也很健全，给员工展示的平台也足够大，员工在鲁南制药可以得到比较好的成长。也就是说，员工在鲁南制药这个平台上“增值”的速度与很多同行相比是比较快的。外面的公司、同行之所以想用更高的工资、更高的职位、更优厚的条件挖你，就是因为你在鲁南制药这个平台上锻炼之后，你的价值得到了增值，那些想挖你的公司，愿意为你增值的部分埋单。

明白了鲁南制药提供的两个价值——直接的经济收入的价值，以及间接的个人成长“增值”的价值，我们在工作中就要更加勤奋、努力，因为我们每个人表面上是在为公司工作，本质上是在为自己工作——为自己直接的经济收入，以及间接的个人成长“增值”工作。

如果意识不到我们每个人本质上都是在为自己的价值增值工作，工作就很难积极主动，就不容易做到高度认真负责。

管理学上将人分为几种：一种是自燃型的，所谓马不扬鞭自奋蹄，工作积极主动、认真负责；一种是易燃型的，在适当的激励之下，也可以积极主动起来；还有一种是阻燃性的，激励都很难起作用。显然，我们鲁南制药最需要的是第一种人，只有自燃型的人越多，我们鲁南制药的创造性才越强，鲁南制药的发展速度才越快。

如果员工想为公司创造价值，公司要千方百计创造条件让他发挥价值，不要对有想法、有思想的员工打击报复，更不能不准许越级汇报，干部更要广开言路。公司要开放搞活，首先就是沟通要开放搞活，只要是为了公司发展就允许说，特别是说问题。没有问题才是我们最大的问题。

打造核心价值创造力必须关注成本

鲁南制药追求的是做精、做细、做专，每个品种都要重视这些问题。鲁南制药的成果、效果和效益的传递都是通过研发、生产、销售等全流程实现的。我们一定要有成本意识。研发人员没有成本意识，害人更狠。

我们的产品要保证疗效最好，又要保证成本最低。为什么？疗效最好是为了满足消费者的需求，成本最低是满足我们自身生存的需求。不要在成本上跟公司对抗，没有成本意识必死无疑。

鲁南制药对科研的要求是质量差异化上的成本差异化。质量是最好的，成本是最低的。质量是给消费者的，成本是给自己的。连自己做事都不愿意用精力的时候，我们在市场上就是苟活，活不长。

这两年鲁南制药基本上淘汰了纯手工操作，还有些车间是半自动化，大部分实现了全自动化。现在好多车间干部没有全成本的概念，记录的是直接生产成本，间接生产成本基本上没核算。从整个生态环境上讲，水、电、气都是资源，少用资源就相当于增加了产品收益，大家要对资源进行整体理解。

我们必须明确，不但研发环节要有成本意识，我们的生产制造、销售等各个环节也都要有很强的成本意识。我们只有建立全局观念，才能从根本上降低公司成本。

时间是有成本的。我们有部分基层管理者，一旦感到人力紧张，就要求人力资源部紧急招人，或者从其他地方调配人力，并要求“尽快”到位。但往往没有想清楚，工作量究竟有多大，需要多少人力，也没有考虑约束条件，更没有考虑“尽快”的具体含义。很多时候，人到位了，却常常好几天没什么事情做，因为前期准备工作没有做好。从这个意义上讲，“急”只是一个虚拟词，而不是事实。急是会带来成本的。

人力是有成本的，而有些干部头脑中却没有“人力成本”的概念。因此，很多公司碰到财务危机的时候，首先考虑的是裁员。

沟通也是有成本的。分析公司的内部流程，可以发现，我们为了完成一项工作，需要很多的内部沟通和协调，有些人不敢做决定，而需要层层请示和审批。要给予某些职位相应的决策自由，鼓励他们敢于决策，并通过控制系统平衡这种决策。

加强规划和计划意识，可以有效降低成本。降成本，最大的来源是效率的提高。提高效率，除了技术的进步、管理方式的改进，更重要的是，要加强规划和计划意识。

到过欧洲的人，都会对它的井然有序深有体会。他们看上去节奏很慢，但效率很高。大家都按照计划行事，自然而然把事情做成了。他们也有做了以后推倒重来的情况，但没有我们这么多。比如说，没想清楚怎么做就动手了，做了一会儿，却发现不对，于是重新来做；或者，做了以后，发现和领导的意见不一致，于是重新来做；或者做了计划，但是计划变了；或者被别人逼得变了计划。

鲁南制药必须做好成本控制，将成本意识贯穿到所有环节中。而节省下来的成本就是我们的利润。

鲁南制药必须做到高质量，低成本，高效率，快速交货，能最大限度地满足客户需要。用善心体会客户的需求，用善意表达产品的优点，用善良承担服务，打造企业最核心的价值创造能力，适应市场的变化，在逆境之下逆势而上。

鲁南制药在过去 50 多年的发展历程中，遇到过各种各样的困难。今天，鲁南制药要有居安思危的忧患意识，每一名干部都守土有责、守土尽责。要把管理责任体现在狠抓落实上，把担当精神体现到各项工作中。要保持斗争精神、增强斗争本领，层层负责，人人担当，下好先手棋，打好主动仗，要善于引导群众、组织群众、依靠群众，把各自的工作做细做好。

我们要通过持续不断的深入学习，提升公司党员干部队伍的政治素养和整体素质，激发党员队伍整体活力，全面发挥党员队伍先锋模范作用，团结带领全体员工，在实现“千亿鲁南”、创建“百年企业”的新征程上建功立业。

创新管理实际上和打仗一样，每一名员工都是一名战士，每一个班组都是一支作战部队。大家能不能用自己的双眼去发现问题，用自己的双手去解决问题，是我们企业能否生存下去的关键。

创新管理是一种智慧，更是一种责任，也是一种志趣。我们一定要把人心激活，把人的眼睛和双手激活，把人的能力激活。只有被激励了才会活，活了才会动，动了才会做，做了才会有结果。劳动创造价值，创新的劳动才会创造超常的价值，超常的价值会有超常的回报。

从水面看很深的水底，水面必须平静才能一眼望到底，狂风暴雨的水面是永远看不到底的。对于我们自己的内心来讲，当你真正能平静下来的时候，看事情就相对简单，也更能抓到事情的本质，做决定才不会出现偏差。所有鲁南制药的员工都要有一颗恭敬的心，一颗诚心，做任何事，但凡我们有敬有诚，相信能够实现，那就不会磨洋工，垒每一块砖都是有意义的。

质量是价值创造的前提

被誉为质量管理宗师的菲利浦·克劳士比（Philip Crosby）早就指出，质量就是符合要求，而不是“好”。

当然，符合要求需要公平的环境。对于一个企业的员工而言，这个“要求”就是客户对于其产品（服务）的性质状况的并不过分的界定；对于更广泛的社会个体而言，这个“要求”就是他们的服务对象对于他们工作的性质状况并不过分的界定。“要求”外在于自我生活习性，而人所以为的“好”则内在于自我生活习性，常常受个人喜好的左右。在每一件事情上做到了服从公平的、符合客户（服务对象）要求的、外在于自我生活习性的、不受个人喜好左右的尺度，就是质量，也就是人品，也就是生活品质的规定性。

福特曾拍过一个电视广告，广告中说，福特在生产线的末端有 100 多名检验员来确保客户汽车的质量。日本人为此专门做了一个评论，说福特一定在新车制造过程中有许多缺陷，因为福特用最终工序检验来构建车的质量。福特公司立即用另外一个宣传口号代替了原来的广告词：在福特，质量是第一重要的工作！福特人最终认识到，你有众多的检验员，说明你在制造众多的缺陷。因此，目标不是增加检验员数量，而是消除检验员，让每个人对自己的质量负责，因为员工的工作绩效取决于自己的工作质量。福特公司由此构建了“在过程中构建质量”的质量体系。

在鲁南制药看来，质量就是全员全流程对质量负责。

我曾经与很多优秀的企业家交流，都首先问他们同一个问题：“在你们公司，谁对质量负责？”他们都非常肯定地给出同一个答案：“Everybody！”一家非常著名的公司进门的明显位置挂着一个质量宣誓书，上面写着这个公司的质量方针：“DO IT RIGHT TODAY，BETTER TOMORROW！”下面有密密麻麻的公司每一个员工的签名。在每个办公位的侧面，都挂着写有质量方针和质量操作要求的镜框，在每个月的员工会议上，所有员工要一起先把质量方针朗读一遍。

那家公司还定义了一个基本质量工作步骤，要求所有员工必须遵守，名叫“Quality1-2-3”：“1. 检查自己工作的质量；2. 检查自己工作过程的质量；3. 检查自己交付结果的质量。”

在茶水间的墙上有两幅巨幅的画着大陆、岛、帆船和星斗的油画——“质量航海地图”，上面诙谐地描述了这个公司从成立以来所经历的所有有关质量的重大事件。当我问及这幅画是谁的创意时，他们说：“每一个人都参与了，现在三面墙已经画满了，准备开始画第四面墙。”

在成熟企业中，所有的员工都天然地认为：“所有人对质量负责。”每个人都在做保障质量的工作，企业的专职质量工程师人数很少，他们只是一些为了确保公司质量管理体系得到一致的贯彻而不停地去教育员工的“教练”。

鲁南制药一直强调提高质量，提高效率。质量，应该是我们干活的门槛，我们必须跨过质量这个门槛，才有资格销售。然后是效率，效率决定我们生死，效率跟效益是挂钩的。鲁南制药看重的一定是效益，我们要用效益来代替效率。

一出质量事故，医院就退货了，业务员就下岗了，业务员给你跪下叩头的份都有，开除对质量有过错的员工过分吗？一旦出现产品退回事件，就会造成上千家医院同时让业务员下岗。一批产品不是只发了一家医院，而是发了几千家医院，几千家零售药店要召回，瞬间就会让这个品种的销售压力增加一千倍，还要马上退出市场。因此，鲁南制药对质量问题要零容忍。就是一个人的过失，一个班组的过失，导致所有鲁南制药人都没饭吃。这样的人是不是该下岗？

鲁南制药从不在质量上做负向动作，我们宁愿挨骂，提高价格，也不在原材料上偷工减料，一定要保证质量。药品就是人品，做药就是做人，做好人就必须做好药，我们必须有这种做人的追求，否则做制药人是不合格的。

我们怎么保证产品的质量？是要价格还是要疗效？我们要疗效，也要成本，但是在两者相权的时候，我们要疗效不要成本！做药是讲良心的。这两年，我的感受是有些人做药没有底线，在质量上没有底线！当然，在质量上没有底线，做人也就没有底线了。如果你能做无底线的事情，那么你不适合做药。质量是什么？质量是生命，关系到企业的生死存亡。质量是谁的生命？从药品的属性上讲它是患者的命；对于企业来说，它是企业的命，也是员工的命。希望大家能够真正地理解质量是什么，说到底就是我们的命，是我们生存的权利。

既然质量要上升到生死存亡的高度，我们就要保证 100% 合规。如果车间不能做到 100% 合规，那么就永远不生产。合规是没有理由的，我们不合规，往往是因为我们给自己找了借口，找了不努力的理由。

质量是对生命的敬畏，有了敬畏之心，才能真正地做好，不能无知无觉。做工艺调整、做变更都是围绕质量来的，但是不要把疗效搞没了。如果疗效没了，我们做的变更就是没有意义的。我们要意识到不合规就不能生产，全体员工都要提高认识，我们不能整天提心吊胆地过日子。我们要让员工安心上班，要让患者放心用药。

为此，我们要进行学习型检查、互动型检查，从解决问题的角度，欢迎让我们难受的检查。平时难受了，关键时刻就不再难受了。如果我们做到百分百合规，我们还怕什么？企业放心了，员工放心了，患者放心了，就达到了我们的目标。

做人做事是要有良心的，要讲诚信，良心的底线是不能突破的。造假等有损质量的任何行为都是不能容忍的，这是我们制药人的良心。

为了确保药品质量，我们不能给自己留退路，我们绝不能试图给自己留一个后门，我们绝不能给自己努力的程度留一个后门，绝不能给我们的产品质量留瑕疵，给公司的发展留隐患。我们就是要做极致的努力来保证我们产品极致的质量。

我们要把技术的优势传递到市场上，加强业务的信心，要多部门交流沟通，建立质量自信、鲁南自信。现在我们讲的差异化就是质量的差异化、背后价格的差异化，这样才能形成鲁南的竞争力。

科研来不得半点虚假，也没有捷径可走。要想干好就是十年如一日，二十年如一日，把一个项目做到世界第一，你就是世界第一。

独家产品依然是我们的市场，怎么卖都没人跟你竞争，降价也没有问题，别人拿不走。差异化不仅指产品，还指客户，包括客户的差异化、服务的差异化和文化的差异化。

为了保证质量，我们一度在合规上花费大量时间和精力。合规不是不服务。好多人一听到合规，就说我服务不了，你叫我做的事不合规。这是错误的。任何一个服务员只有一个字，“是”。你要思考的是怎么在合规的前提下给他服务好，但违法的事情咱不干。

当然，合规，百分之百的合规，就是要做真实、实事求是的实验数据。我有耐心，鲁南有耐心，只要你努力，我们有耐心等你最真实的数据、最真实的结果、最有竞争力的结果，20 年也不为过。

干部要学会自我批评

鲁南制药的精神就是“不怕困难，挑战困难，战胜困难”。我们要弘扬鲁南精神，用我们攻坚克难的生动事例，不断丰富鲁南精神的内涵；用一个又一个的胜利，让鲁南精神的思想熠熠生辉，照亮我们前行的道路。

我们要重视中高级干部的组织能力和协调能力，学会激活整个组织，充分利用平台，学习别人的经验。高级干部要培养方向感与节奏控制。方向是什么？方向就是面对目标的位置。节奏是什么？是审时度势，因势利导。

鲁南制药的干部必须具备全面的反思能力。

孟子云：“行有不得，反求诸己。”干部必须随时反省、检讨自己，在事情发展不顺利的时候首先反思、检讨自己。每个干部都是自己的第一责任人，是公司发展的第一责任人，公司出现任何问题，首先就是干部的问题。干部必须首先反思自己哪些地方没有做到、没有做好；在事情进展顺利的时候一样需要反思、检讨。人无完人，人都是会有各种缺陷的，这是人性决定的。干部必须不断地警醒自己、修炼内心，防止骄傲自满。

很多公司发展出现问题，都是在公司取得重大成就、一帆风顺之后，在辉煌成就的光环照耀下，干部开始自负，以为自己掌握了企业发展的规律，可以不断复制过往的成功。事实上，外界环境在不断变化，公司内部各种要素也在不断演化，尤其是公司团队成员的心理发生了各种微妙变化，过去的成功经验已经很难成为未来持续成功的可靠保障。干部如果认识不到这些，继续用过去的经验领导公司，就容易带领公司走向失败。因此，公司经营如同逆水行舟，不进则退，干部必须如履薄冰、战战兢兢，时刻反省、时时反思，反思自己、反思团队、反思公司，永远不能放松。

鲁南制药的干部要学会自我批评、自我批判。自我批判永远是自我纠偏、自我改进的利器。一个组织，无论现在多么优秀，如果没有自我批评的纠偏机制，也注定是没有希望的。

我们要以“苟日新、日日新、又日新”的姿态，在改革中重新学习、不断学习，积极拥抱改革、创新、服务的新思想、新理念，主动“换挡加油”、升级改造，做到提速于改革之机、转型于决胜之前，让永不止步的进取精神在企业内部蔚然成风。

华为之所以如此优秀，其中很重要的一条就是所有干部包括任正非在内，都定期进行自我批评和自我批判，深刻地剖析自己哪里没有做好，如何改进。鲁南制药要想成为一家伟大的公司，所有干部就必须学会自我批评和自我批判。

我们要攀登高峰，更要脚踏实地，客户一个一个沟通，问题一个一个解决，由一个一个平凡之举，点滴积累，全心全意努力为客户、为公司、为社会创造价值，无怨无悔成就公司、成就别人、成就自己。干部，不仅要能做事，更要作表率。把一个部门带领好，能够做更多的事情，带动一批人，这是当好干部的基础。

干部应该是各项事业的发动机。火车跑得快，全靠车头带。为什么高铁的速度更快？原因就是高铁的每节车厢都有一个发动机。干部要正确对待批评与自我批评。自我批评要对自己有个客观的评价，扬长避短。首先要解决面子问题，批评要对事不对人；批评就是帮助，就是提高。按照领导要求，尽最大限度的努力，完成了不可能完成的任务就是能力的提高。干部要大公无私，公正廉洁。企业要发展得好，干部首先要廉洁，要干净做人。我们的干部员工要找准定位，然后在其位，谋其政。公司的高层干部要有决断力，中层要有理解力，基层要有执行力，各负其责，各司其职，才能形成攻无不克、战无不胜的狼性团队。

我们的干部员工要乐于奉献。奉献的解释就是为别人默默付出，心甘情愿，不图回报。能够为鲁南、为集体、为别人心甘情愿、不图回报地默默付出，是一种极高的精神境界。奉献说到底就是无怨无悔地帮助他人、服务他人。

我们的干部尤其要吃亏在前、吃苦在前，能够委曲求全，识大体，顾大局。只有吃得了大亏，耐得了大劳，受得了大委屈，才能真正担得了大任。

干群融合就是讲团队，怎么把一群人融合成一个团队？未来几年我们要打造至善团队，至善团队的核心是什么？这个团队一定可以攻无不克，战无不胜，但是它内在的要求是什么？干部要为员工服务，为企业服务。员工要做好本职工作，对企业有感恩之心，对领导有敬畏之心。我们打造的是一种新型的干群关系，大家要深入地去思考，我们也可以来践行，在鲁南精神之上践行沂蒙精神。

干部要德才兼备。德，更多的时候是大局观，是吃亏、受罪的一种能力。当干部不吃亏，当干部都要赚钱，这样的人不适合当干部。

“德”就是少考虑自己，“善”就是多考虑他人。能践行吗？为什么说积德行善？“积德”是为我，“行善”是为他。知行合一，就是无我地知行善，知道应该无我，知道应该利他，就做到了知行合一。

鲁南制药一直强调“做业务首先学会做人”，先做人后做事，把人做好，才能把事做好。作为中层干部来讲，要把队伍带好，把队伍带出虎狼之性，有执行力、有战斗力。人没做好，这个事往往就偏颇了，因为只考虑做事，不考虑做人的问题，做人没做好，能把事情做好？做业务，首先学会做人。这两年为了配合市场的发展，咱们要培养德才兼备的干部。怎么培养干部？你拿什么以上率下？拿什么要求你的手下？这是大家要认真思考的。

鲁南制药坚持以市场为中心，坚持业务首位意识。中层干部的眼睛要盯着客户和市场，快速响应市场需要。鲁南制药的中层干部不能只坐在办公室里面打打电话、听听汇报，要走出办公室，去现场和市场，实行走动管理——答案在现场。

关于干部还有一个非常重要的要求就是对人才的培养。你培养了多少人才？这体现一个干部的综合性管理水平。培养人才既是在培养公司的未来，也想着给自己打天下。不培养人的车间主任绝不是一个合格的干部。

要有深刻的危机意识

10 年来我天天思考的都是失败，对成功视而不见，也没有什么荣誉感、自豪感，而是危机感。也许是这样才存活了 10 年。我们大家要一起来想，怎样才能活下去，也许才能存活得久一些。失败这一天是一定会到来，大家要准备迎接，这是我从不动摇的看法，这是历史规律。

目前情况下，我认为我们公司从上到下，还没有真正认识到危机，那么当危机来临的时刻，我们可能是措手不及的。我们是不是已经麻木？是不是头脑里已经没有危机这根弦了？是不是已经没有自我批判能力或者已经很少了？那么，如果四面出现危机时，我们可能是真没有办法了。我们只能说："你们别罢工了，我们本来就准备不上班了，快关了机器，还能省点电。"如果我们现在不能研究出现危机时的应对方法和措施来，我们就不可能持续活下去。

上面两段话是华为创始人任正非在华为创立 10 多年的时候对所有华为人说的，那个时候，华为已经是行业内数一数二的企业了。但危机意识很强的任正非一直在大声疾呼：华为时刻面临严重的危机，所有华为人都必须有充分的危机意识。

经营企业就应该时时刻刻如临深渊、如履薄冰。在看到鲜花铺满大地的时候，一定还要看到漫天风雪就在不远处，寒冬也一定会来到，一定要未雨绸缪，把过冬的棉袄提前准备好。

在临沂，鲁南制药的纳税已经连续多年在临沂工业企业里排名第一，但鲁南制药既不大，也不强，企业的规模依然很小。临沂已经有销售规模过500亿元的企业，全球最大规模的药企规模已经超过600亿美元……

尽管现在的鲁南制药比创立初期好了很多很多，但如果横向对比，我们就会发现，鲁南制药的差距还很大。

鲁南制药要想行稳致远，就要牢固树立忧患意识、危机意识。

在当前情况下，我们一定要居安思危，一定要看到可能出现的危机。2023年3月，一直被认为是美国硅谷标杆企业的美国硅谷银行突然爆雷。有那么好的基础、那么强大的背景的硅谷银行都会突然爆雷，我们鲁南制药有什么呢？我们没有人家雄厚的基础，如果鲁南制药再没有强烈的危机意识、良好的管理，那么真正崩溃后，将来就会一无所有，再也不能复活。

我们要把危机感传递到我们的生产线上，传递到我们的基层管理者和一线员工中，并且能够被大家理解、认同和接受。药品降价了，如果我们的工作没有任何改变，如果我们的员工无动于衷，没有任何感觉，那无异于温水煮青蛙，我们只能坐以待毙。

早在 2016 年，我就在《我们需要什么样的干部员工队伍》一文中说，我们没有任何骄傲的资本，危险时刻在我们身边，企业随时面临破产的风险。“生于忧患，死于安乐”，居安思危，对待我们的每一天都要有如临深渊、如履薄冰的危机感和危机意识，我们的企业才有可能活得更久，活得更好。

我想对我们员工整体说，企业关门才是大家最需要关注的，你不要做着让企业关门的事情，然后还做梦说我这个门永远不用关。永远不要做让人家抓住了就会死的事情！

价值创造首先是选择赛道

记得在 2019 年的时候我说过，2019 年已经到了比较关键的时刻，因为国家好多医药政策，包括药企已经走到发展的拐点。

2015 年我们一直在吆喝“狼来了，狼来了”，四年之后，狼真的来了，狼是什么？“4+7”带量集中采购。从 2023 年“4+7”招标的结果看，中标的产品平均降价 52%，最高降幅达到 96%，整个仿制药的市场从总量上平衡的话会下降到一半。如果你现在有 100 亿元的销售额，预示你可能将来的销售是 50 亿元；如果你现在是 50 亿元，将来就是 25 亿元，打个对折还护不住，因为你这次中标不能保证你永远中标。

为什么我从 2019 年开始提转型？因为我们必须行动了，没有行动转不了。我们好多管理层包括中层、员工都认为医药市场非常好，健康产业永远是朝阳产业。从大的宏观形势上这没有问题，但是从微观的运行上讲，它的风险非常大。

其实赛道的选择，从另外一个层面来说，也就是战略的选择，决定了企业做什么和不做什么，决定了企业该把资源重点投向哪里，先做什么，后做什么，这些都是决定企业生死存亡的大事。

当时的鲁南制药确定了大力发展中药和做强做大生物制药两条腿走路，企业如果选择了一个上升通道宽阔的赛道，那发展起来必然就如顺水推舟。既然选好赛道这么重要，那么究竟怎么样才能快、准、狠地找到适合企业自身发展的赛道呢?

企业要以终为始，明确目标高度决定价值，见识比知识更重要，方向比努力更重要。每个赛道都有其天然的属性，只有明确目标，以终为始倒推战略的每一步，企业才能稳步前行，才能判断出企业在所处的赛道是否需要调整。

企业在长远稳健的运作中，越来越需要企业家具有长远整体的大局观。世界的游戏规则已经变了，循着旧地图永远找不到新大陆。战略不是站在现在看未来，而是站在未来看现在，对赛道有预见性的精准选择，可以为企业迎来新生，而这就需要企业家站在更高层级去看赛道选择。

赛道选择之专注擅长领域

赛道的选择需要贴合企业发展现状以及企业家能力，不具备相应的资源或者能力不足，那赛道再好，也不适合企业切换。

鲁南制药自从 1968 年建厂以来，就是一直中西药兼产的，在 1990 年以后大力发展化学药品。有的产品从大力发展化学药品开始，已经卖了 30 年，但是未来还能卖几年呢？这是一个值得深思的问题。如何能够持续地拥有好的产品，持续地占有中高端市场，持续地保持较高的毛利率，才是企业需要思索的关键，而这就涉及赛道的选择。

2022 年，鲁南制药的赛道选择的结果是：聚焦“四大战略”，落实“五项举措”，继续坚持“强学术、转方式”，加快“业务学术化、学术专业化”进程。做好投标、定价、医保申报等基础工作。在挂网产品 3117 个，新增挂网产品 549 个，撤网产品 126 个，欣康、力康、恒康 3 个产品中标国家集采第七标，参加省际联盟 / 省级 / 市级带量采购 58 批次。

赛道选择之选好对标对象

搞对标并不是要完全照抄对手所做的事情，而是学习对手的优点，看到对手的缺点，同时结合自身优势，更好地打造企业的核心竞争力和护城河。

“选择大于努力”，在企业战略中最为实用。竞争策略的选择，即是赛道的选择。企业的赛道选错了，也就意味着一抹黑走到头！每个企业都应该将其主业作为一杆大旗，插牢插稳，这是企业的现金流、行业招牌和翻身的保障。特别是疫情之后，要善于思考和应变，探索并精准定位新的赛道，寻求疫情之后继续做大做强，甚至是弯道超车的机会！

曾经的华为，就做好了赛道的选择，没去跟风做当时非常火的小灵通，而是持续在新技术研发上发力。虽然失去了小灵通几十亿元的市场，但从后面来看，这一切都是值得的。到底是怎么一回事呢？

在近 20 年以前，由于经过拆分的中国电信和中国网通都没有获得移动牌照，于是急于进入移动市场的它们，将小灵通这种类移动通信的技术视作救命稻草。两家运营商先后投资了近千亿元用以建设小灵通的覆盖网络。

近千亿元，对于吃运营商饭的通信设备厂商而言是一个非常好的市场机遇。乘着小灵通的东风，中兴和UT斯达康都在当时挣得满盆满钵。相比之下，当时的华为则没有重视这片市场，非常专注地在进行3G网络产品的相关研发，可以说是错过了小灵通最佳的发展时期。

在这些通信器材供应商眼里，小灵通确实是座“金矿”，只是碍于技术的迭代和政策的不确定性，对于怎么挖，各自的想法有所不同。

其中，最积极的当数中兴。为了小灵通项目，中兴光研发人员就投入了300多人，并且雄心勃勃地要实现小灵通发射基站的国产化。很快，小灵通成了中兴的支柱产业。到了2003年，这部分的营收达到160.36亿元。一年后，中兴通讯在中国香港上市。

华为的态度就要模糊很多。1999年，华为刚在内部启动创业计划。UT斯达康就是他们在市场上的竞争对手。那时，靠着小灵通业务积累的渠道资源，他们捆绑销售交换机、光网络和无线产品，让华为很是头疼。

影响直接体现在业绩上。2001 年，华为出现创立以来首次停止增长，次年甚至出现了首次亏损。亏损的根本原因在于任正非对移动通信市场的误判，既错过了带有过渡性质的小灵通，也没有押对 CDMA 的技术路线。

2002 年底，任正非痛定思痛，决定拿出 10 亿元来做手机。在此之前，他已经 6 次否定了无线部门提报的进军手机终端的方案。一年后，华为成立手机研发部，同时进入小灵通和手机市场，前者用来打压 UT 斯达康等竞争对手，后者抢占未来市场。

因为没想从小灵通上赚钱，华为几乎贴着成本价出货，很快占据了 25% 的市场。2005 年，由于价格战，UT 斯达康亏了数亿美元，被迫停止了 3G 领域的投入，从此一蹶不振。

除了错失小灵通市场导致的增长乏力之外，由于受到互联网泡沫破灭的冲击，华为通信设备的销售也受到了影响。再叠加巨大的 3G 研发投入，导致华为在 2001 年出现了增长停滞，2002 年出现了创业以来的首次亏损。

那段时间可以说是华为的至暗时刻。

但值得注意的是，后来华为在3G市场中获得的成绩离不开这一段时间的韬光养晦。有一句话是对那段时间华为战略思路的总结：不在非战略机会点上消耗战略竞争力量。如果当时华为转头做小灵通，或许就不会有在3G市场中卓越的业绩和技术积累。

当然，错失小灵通市场也让华为内部反思了终端产品的重要性。于是在2002年底，之前一直不碰手机业务的任正非终于决定投资10亿元来做手机，而且上来就是直接打造针对未来市场的3G手机，可以说在危机之中找到了新的发展契机。

赛道选择之品类管理

当企业确定了具体的战略，选定了赛道以后，接下来就要占领相应的市场，那么占领市场靠什么呢？靠的就是产品，这时候可能有人会说，那么服务呢？企业也靠服务去占领市场啊？其实这不是主要的，企业一定是先有自己的产品，基于产品才会有衍生的服务，因此本节讨论的品类管理，主要是产品。在此做一下说明。

品类组合（产品搭配），是指一个企业提供给市场的全部产品线和产品项目，也就是一个企业在一定时期内生产经营的各种不同产品、产品项目的组合。

产品好比人一样，都有其由成长到衰退的过程。因此，企业不能仅仅经营单一的产品，世界上很多企业经营的产品种类繁多。当然，并不是经营的产品越多越好，产品之间应该有配合关系。这就是产品组合问题。

品类管理体系本身是在用一个“结构化”的方法来面对一个“非结构化的、具有强烈不确定性的”市场。

鲁南制药的品类创新和管理取得了不错的成绩。

从刚建厂开始的几个产品，到现在已经形成“药、妆、菌、食”四条业务主线迅猛发展，鲁南制药 22 个独家品种更是在过去的疫情三年中大放光彩，不但分别入选山东省著名品牌，更是拥有多个国家级重点实验室，实现多个国内首创。特别是中药的品类管理，做到了既在原有基础上传承精华，又能在守正中不断创新。

在新产品开发方面，鲁南制药国内制剂 11 个品规获批生产，6 个原料药通过技术审评，9 个品规通过仿制药一致性评价，获得药物临床试验通知书8个，氢溴酸加兰他敏口服溶液等产品获得恢复生产通知书。在国际上，鲁南制药获批制剂品种3个、原料药10个、FDA（食品药品监督管理局）临床默认许可1个。

大健康产品也迈出新步伐。鲁南制药F19单体通过生产许可认证（SC认证），阿胶人参胶原蛋白肽草本饮品、黄精栀子葛根草本饮品/固体饮料、益生菌发酵山花晶饮料（非活菌型）、复合益生元山楂饮料等5款功能性食品已经具备上市条件。

品类管理对于零售行业的重要性是毋庸置疑的。但是，传统的品类管理体系在我国的实践面临两个主要问题。

其一，品类管理体系本身只是一个管理“框架”，长期以来，它的信息化支撑是很成问题的。这一点即使在美国也是如此。因为品类管理涉及大量的数据分析、加工、计划、模拟的任务，在数据驱动型软件技术还没有成形的情况下，市场上为数不多的一些专业软件都是基于具体“场景”写死的。

国内的情况更糟。一方面，国内企业的信息化投入较美国要差一大截；另一方面，品类管理的理念本身还在推广和渗透的过程中。这样就更没有足够的养料来滋养这样一个软件细分市场了。

其二，传统的品类管理体系本身具有一定的局限性，特别是在线上电商和大数据时代所暴露出来的局限性。

所以，当深入品类战术的时候（比如选品战术、定价战术），品类管理体系只能提示各种需要考虑的因素和各种已知的经验。但是各种因素和经验，孰轻孰重，如何综合出一个结果，就需要从业者人为判断了。

传统的品类管理体系发源于实体店零售。虽然线上、线下在很多商业逻辑上是一致的，但还有很多差异。这也需要品类管理体系和软件平台能够很灵活地调整并适应各种新的商业模式。

鲁南制药坚持数字赋能，转型升级提升整体竞争力，以数字化转型为目标。

鲁南制药通过数字化转型和品类创新，较好地解决了信息化支撑和互联网变为基础设施所带来的大数据等问题。

我们再看看国际巨头是如何通过品类创新来创造价值的。

苹果公司通过品类创新成为全球市值最高的企业之一。

2022 年 1 月 3 日，当日盘中苹果成为全球首家市值突破 3 万亿美元的公司。3 万亿美元约合人民币 19 万亿元，是全球首富马斯克总财产的 10 倍多，相当于全球第五大经济体的 GDP 体量，排名仅次于美国、中国、日本及德国（德国 2020 年的 GDP 为 3.8 万亿美元）。

苹果公司的品类创新，主要表现为四个品类，分别是麦金塔、iPod、iPhone 和 iPad，每一次新品出来，总能让消费者尖叫不已。

在麦金塔之前，几乎所有的电脑都是基于文字界面的设计，人机交互依赖于复杂的计算机代码指令，如同书面的文字系统，用户必须具备一定的专业知识才能够有效地操作电脑。而乔布斯脑洞大开：如果苹果推出一款文字界面的电脑，和其他对手相比，几乎没有胜算，但是如果按照逆向思维，推出一款图形界面的电脑，帮助用户不用记忆代码就可以轻松地操作电脑，那优势就非常明显了。

1984 年，苹果推出的麦金塔电脑一经问世，就得到了很好的评价。

它是第一款成功运用图形用户界面的产品，开创了图形界面的 PC 新品类，通过需求的洞察打通了字符操作界面操作复杂的品类痛点，降低了用户的学习成本，第一次让家庭用户感受到了电脑的易操作性。

麦金塔开创并定义了图形界面的 PC 新品类，同时，苹果公司也对这款产品采用了新的品牌——麦金塔。

进入 21 世纪读图时代后，凭借品类开创者的想法优势，Mac 系列产品凭借其高性能、有竞争力的价格和美观的工业设计取得了巨大成功，帮助苹果公司持续赢利。

iPod 正是通过重新定义品类和市场洞察发现了新机会。在 iPod 推出的前一年，市面上的音乐播放器，体积比较大，也比较重，且它们的用户界面比较难操作，在滚动播放数千首歌曲时，无法很好地选歌。

此外，大多数便携式媒体播放器（PMP）将音乐从电脑传输到播放器，使用的是落后的 USB 1.1 标准，这使得用户传一首歌，就需要等待长达 5 分钟。当传输上千首歌曲时，传输时间可能会长达数小时。

2001 年 10 月，口袋大小的 iPod 首次亮相，可以存储 1000 首歌曲，并配备了白色耳机。

在随后几年时间里，iPod 迅速流行起来，创造了所谓的“iPod 一代”。

iPod 将无与伦比的工业设计、硬件工程、软件开发和服务整合在一起，为苹果这几十年的发展提供了一幅蓝图。至今为止，苹果公司已经售出了超过 4 亿部 iPod。

2007 年，乔布斯发布 iPhone 时说：“今天我们重新发明了电话。”

和现在的手机相比，它还是一个小东西，它有一块 3.5 英寸的 LCD 显示屏、一个普通的 Home 键、一个厚厚的机身、巨大的边框、一个三星处理器和一个 200 万像素的摄像头，但它仍不同于当时市场上的任何其他产品。

当时在手机领域拥有统治地位的诺基亚、摩托罗拉等手机依靠有限的显示面积、基于硬件的键盘和手写笔进行屏幕互动，但 iPhone 与众不同，因为它的物理按钮数量有限，其依靠的是多点触控显示屏，这对于用户来说显得更加亲切、互动性更强。

iPhone 的发布虽然有划时代的意义，但是当时人们对于手机的认知还停留在功能机的时代，iPhone 销量并不好，当年只卖了 120 万部，后面几代升级也只是查漏补缺。直到 iPhone4 的发布，iPhone 才真正开始风靡全球。

iPhone 重新定义了手机，iPhone 4 重新定义了 iPhone。

2010 年 1 月 27 日，乔布斯发布了苹果的第一款 iPad，有浏览互联网、收发电子邮件、观看电子书、播放音频或视频、玩游戏等功能，也重新开始定义了一个新品类。一直到现在，iPad 仍然占领平板电脑市场 40% 以上的市场份额，为苹果公司贡献了很多真金白银。

选对人做对事才能创造价值

对于人才引进和使用，现在我们做的还不够好，人才还不够多。公司要做大，这些人员支撑、人力资源必须跟上。我们的人力资源引进要解放思想，不要限制在临沂，不要限制在山东，要面向全国、面向全球，这是我们以后向更远发展的一条必由之路。

对于企业的价值创造循环，我的思考如图 2.1 所示：

人力资源工作系统思考

企业经营管理本质：吸引和适配优秀人才（找对人），激发组织活力（做对事），形成正向循环（有好结果）。

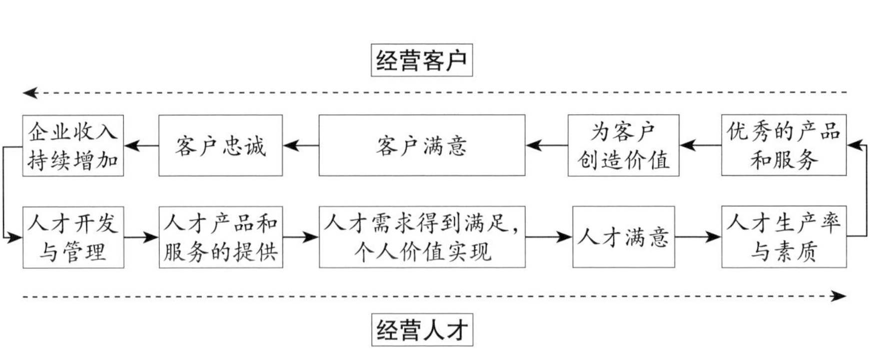

图 2.1　企业的价值创造循环

企业经营管理的本质，一个是经营客户，另一个是经营人才。经营客户是保证企业有收入可以持续运营，经营人才是保证企业有人才来获取收入。

经营好客户，客户就会对我们的产品和服务越来越满意，自然也就会对企业越来越忠诚，公司自然也就能够持续地获取收入。企业有了更多的收入，就有了更多的资源去获取和开发人才，也就有了更多的资源为人才提供更多的产品和服务，那么人才的需求就能够得到满足，人才的个人价值也就能够更好地实现；人才满意，就能够更好地工作，也就有了更好的生产率和更高的人均素质，从而让公司的产品和服务更加优秀，为客户创造价值，客户的满意度也就更高，从而完成一个经营客户和经营人才的价值循环的闭环。

既然企业价值创造的主体是人，就涉及一个人员筛选的问题，落到具体的人力资源工作上，主要是招聘模块的事情。企业在招聘合适的人之前，一定要明确自己想要找的人是什么样的，不符合企业要求和企业文化的人，进来也待不久，反而会让企业浪费时间成本和管理成本，影响业务和经营。

下面就企业找人的几种思考，简单来聊聊企业如何才能找对人。

曾经有一家国企公司，领导人在位，生产经营样样都好；可是领导一旦调走，问题立马出现，经营立马下滑。当地政府经过多次测试，最终还是把领导留在了公司里。

人，尤其是特定的人，对特定的公司来说，真的是特别重要的。

用我的一句老话来说，只有特定的人，才能做好特定的事情。

对每个职场人来说，只有进入了对的公司，才可能发光发热，做出贡献；但是对公司来说，只有人对了，公司经营才能蒸蒸日上。

经营一家企业，需要具备各方面素质的人。人事也好，生产也好，技术也好，营销也好，只有相关部门的相关人员具备良好的工作能力，相应的工作才能做好。

相反，如果一个人压根就打不起来自己的工作，稀里糊涂混日子，那么团队就会跟着倒霉。比如某公司招聘了抖音运营人员，原以为会比较专业，结果经过了几个月，成绩依旧是零。这种结果就直接表明，公司找错了人。找的人不对，结果就不对。

经过了解，该公司聘用的人的专业性和公司业务并不匹配，因为他之前工作单位的产品和该公司的产品区别很大，而且该运营人员在之前的两家单位中仅仅分别工作了 2 个月和 4 个月。

用了错的人，当然就得到了错误的结果。

当用错了一个员工之后，连带着员工身边的人的工作状态都会受到影响；当用错了一个领导之后，连带着领导所带领的团队都会受到影响；因为如果领导跑偏了，不但团队出现严重问题，而且基于木桶理论，整个公司的经营都会出现严重问题。

毕竟，决定木桶盛水量的，正是高度最低的那块木板。

所以，只要一个公司用错了人，错误就会被无形中放大；而如果这个人还是一个部门经理，那么影响就大了去了。

如果公司所用的管理人员喜欢钩心斗角，团队就会染上坏风气；如果团队染上了坏风气，那么团队就不可能有好的战斗力和工作激情；当大家都以钩心斗角为工作重点时，真正重要的工作就会被无视。

在一个错误的人所熏染形成的错误的团队中，环境已经被污染了，大家的工作积极性已经被打压了，工作自然就会越来越差，工作绩效自然就好不到哪里去。

好的组织总是相似的

我们常常说，幸福的家庭是相似的，不幸的家庭则各有各的不幸。

对于组织来说，良好的组织总是相似的，而较差的组织则各有各的问题。

显而易见，在好的组织中，绝大多数人是对的人；而在较差的组织中，至少有一半的人是错的。而一部分人即便是对的，也会因为错的人而变得偃旗息鼓。

在任何时候，一个人只要有了条件，堕落起来就是很快的。

到了这种时候，好的员工或者随波逐流，或者卷铺盖走人。

那些真正有想法、真正想做事的人，不会待在这种浑浑噩噩、尔虞我诈、明争暗斗的环境中。

在那些对的团队中，信任是普遍的，信赖是普遍的，分享是充分的，信息的流动是充分的，大家为了共同的目标而一起努力。相互的不一致虽然会存在，但是为了工作，不一致的地方总能获得协调和融合。

有了特定的正确的人，有了他们的专业，有了他们的用心，有了他们的精心付出和精心培植，工作总会越做越好，大家的配合精神总会越来越好，业绩也会稳步向上。对的人，总是能把事情做好。

当对的人把事情一个接一个做好时，公司经营的成功，也就是一个水到渠成的自然过程了。

鲁南制药也出现过这类问题，在医药公司，搞科研的员工离职的很多，我也根据自己多年的经营管理经验，给出了处理方案，那就是看好自己的门，管好自己的人，做好自己的事。

看好自己的门：员工教育、员工的思想管理。这两年我们业务人员没有回临沂，和企业少了一些感情交流，公司跟他们唯一的联系就是工资，但是没有温度。管人的工作就是统一思想的过程。不在统一思想上下功夫，就在统一行动上穷折腾。

管好自己的人：管人，首先要做的是思想工作，而我们往往当下比较强调的是工作行动。下一步，我们整个干部员工的培训要在思想上投入更多的精力，把大家的思想整合到统一行动上。只有思想统一才能行动。

做好自己的事：管事要比管人简单，因为人是有思想的，事是有标准流程的，最终还是落到权利和责任上。管事，画个流程图，把所有的节点调控好，做一个公与私的判断不复杂。

路线确定后干部就是决定因素

人力资源全国化、全球化是我们当下要认真思考和把握的一个问题。好多干得好的属地化业务员转为正式职工就是销售人员全国化，还要慢慢地实现高端人才需求全球化。要解放思想，让全球市场的顶尖人才为鲁南制药服务。只用山东人就能支撑我们走向国际是不现实的，要进一步解放思想。

现在我们不是人多得没地方用，是无人可用。要加强人才队伍梯队培养，班组长有的是机会，只要公司发展快就有用武之地。2015 年医药公司还是 17 个部长，现在有 300 多个，公司发展给很多人创造了成长成才的平台和机会，其他部门也是一样。

曾经有句很经典的话：正确路线确定之后，干部就是决定的因素。一句简短的话，概括了企业战略落地的关键，前面说完了找对人和招够人的问题以后，接下来就要准备干活了。其中，干部起的带头作用是非常关键的，那么，究竟什么样的人才能作为干部，才是符合企业要求的呢？每个企业对于干部的要求是不一样的。

在谈干部之前，我们需要给干部下一个定义，到底什么样的人才算干部呢？通常来说，干部就是带兵的人，不带兵的人是不能叫干部的。比如一个专家岗，是经理级或者总监级，但是不带团队，那么他能够算干部吗？是不能算的。但是比如一个仓库经理，管理几个仓管员，那这个仓库经理就是干部。所以说，识别企业里面一个人是否为干部的唯一标志，就是看他有没有带兵，也就是有没有下属或者团队。

那么究竟如何做，才能做好干部管理工作呢？我们不妨看看领先企业是怎么做干部管理的。在讨论如何做好干部管理之前，可以看看企业在干部管理方面，都有哪些痛点。在我遇到过的问题中，主要有以下三点：

（1）干部有很多是老员工，随着企业业务发展赶鸭子上架，至于是否有相应的能力，是要打一个问号的。很多时候人上去以后，发现没办法带领团队进一步向前走。

（2）干部也有能力，但是当企业的业务进入相对稳定的阶段以后，收入也到了一定的水平，逐渐失去了血性，缺少担当，不去挑战目标，也不拥抱变革，躺在过去的功劳簿上吃老本。

（3）老员工占据了很多干部的位置，导致新员工没法上去，长久下来，也没有形成很好的干部人才梯队，山头林立。

这是很多企业在发展到一定阶段，特别是业务规模和人数都达到一定程度，业务开始呈现集团化、多元化发展的时候，会出现的典型问题，那么该如何解决呢？

我们可以看看华为是如何做好干部管理的。

在过去的30多年中，华为陆续完善了针对干部群体的选、用、育、留等体系化建设，构建了片联组织、干部管理委员会、华为大学、总干部部等组织，建立了从任用制到选拔制的干部晋升标准，设计了科学的干部绩效考核体系，加强了对干部队伍的培养与锻炼，充分保证了干部队伍对企业发展的支撑作用，最终形成了一套行之有效的干部管理体系。

主要包含以下四部分：

（1）明确干部的使命与责任，以及干部的任职资格标准。

（2）形成干部梯队，能上能下，末位淘汰。

（3）有足够的能力带领团队打胜仗，做好干部考察工作。

（4）建立多元化的激励体系和培养体系。

明确干部的使命与责任，以及干部的任职资格标准

在做干部管理时，最基础也最重要的是明确组织对干部的要求，一定要旗帜鲜明地提出对干部的要求，包括干部的使命和责任，以及干部的标准。

干部的使命与责任就是践行、传承企业文化和价值观，以企业文化和价值观为核心，管理价值创造、价值评估和价值分配事项，带领团队持续为客户创造价值，实现公司的商业成功和长期发展。

建立一套一以贯之、自上而下且适应各个不同体系的干部选拔标准，可以保证公司不同的层级、不同的部门选拔出来的干部具有共同的特征。

因为干部体系是分层分类的，因此华为对于不同层级和不同类型的干部的要求也是不一样的。

对于所有干部，都有宏观层面的通用要求，要能承担起核心价值观的传承，要抓业务的增长，要抓好流程与改进，要抓好组织建设。

再往下，要求干部具有“四力”：高层干部要具有决断力，中层干部要具有理解力，基层干部要具有执行力，所有的干部都要具有人际的连接力。

最后，要求干部具有更加细致的精准画像，这样，所有干部既能满足公司的统一要求，又能满足干部所在岗位的特性与挑战要求。

形成干部梯队，能上能下，末位淘汰

任正非曾经公开反思说：“以前华为都是末位淘汰制度，后来发现，末位淘汰的全是员工，每个月把员工干掉10%，根本没起到什么作用。真正要淘汰的是干部，后来华为每个月淘汰掉10%的干部，效果显著，整个团队的氛围也发生了巨大的变化。”

从上面的话可以看出，干部的能上能下和末位淘汰是非常关键的，但更关键的是，这么做不是为了干掉干部，而是为了更好的业务发展。业务发展不能没有人，如果把干部淘汰以后，发现没有人可以替换，那就失去了末位淘汰的意义。没有后备人员替代，会影响业务的正常开展，这是不行的。因此，就必须有相应的干部梯队，有人可以替换，这样再实行末位淘汰就不需要担心没人干活，而影响业务的正常开展。

做好干部梯队的搭建，第一个关键是要做好关键岗位的识别，确保每个关键岗位都有人继任。各个体系梳理下来，可能会有几十个甚至上百个岗位。第二个关键就是后备资源池。当一个目标岗位出现空缺的时候，从现在的这些岗位上的任职者中来挑选那些与岗位匹配度高的人员再进行选拔。

有足够的能力带领团队打胜仗，做好干部考察工作

干部是否有能力，唯一的判断标准就是能否打胜仗，也就是实现既定目标。结果才是唯一的评价维度。

任正非在讲话中明确地指出，公司的干部选拔要从工作实践中产生。没有谁生来就是将军，将军是在实战中不断锻炼、成长起来的，而且，也没有任何人能够承诺，去了战场，英勇奋战，你就能成为将军。也许，你只能成为一名英雄，甚至只是一名无名英雄。为提高公司国际化的实战水平，培养干部梯队，应该制度化地分批从国内、国际抽调实战表现优秀的干部骨干，轮流作为种子来华为大学当干部后备队的教师、教官。公司每个部门都应该积极推荐最优秀的人才到华为大学授课，让公司最佳实践得到归纳、共享和传播。

要引入竞争机制，搞活干部队伍的优胜劣汰。市场经济的最大特点是企业的竞争，企业的竞争也就是人才的竞争，就是大浪淘沙，优胜劣汰；只有那些思想保守、没有进取意识、绩效不好的“南郭先生”不断被新人取代，企业才能充满活力，才能更好地生存和发展。为此，企业人力资源管理职能部门要积极搞活用人机制，不断深化企业干部人事制度改革，改进干部管理方法。

一个企业基业长青，一个人长命百岁，都是由于二者的肌体含有长寿的DNA。对于一个员工来讲，要想在企业中做出被认可的绩效，做出持续和更多的绩效，唯有依赖自身的道德修养。一个没有品行和不负责任的人，是不可能做好本职工作的，更不能成为一个干部；即使成了一个干部，也会在今后的实践工作中被淘汰出局。因此，要做好干部的考察工作，特别是品德方面的考察。

建立多元化的激励体系和培养体系

干部打了胜仗，相应的激励也要到位。华为的激励体系就是多方位的，当然激励分为正向的和负向的，负向的也就是末位淘汰，关键是要做好正向的、多元化的激励。

华为在各个国家代表的办事处的规模差别很大，小的可能一两亿美元，大的可能几十亿美元，不同区域代表的规模不一样，产出不一样，所以首先要把它分成小型、中型、大型的代表处，对应的岗位职级可能是 20 级、21 级、22 级。

华为公司的新手首先是从小代表处做起，干好了再逐步到中型和大型代表处。一个代表的收入又包括三部分：工资、奖金、股票。

在这三者中工资占比是最小的，奖金其次，股票最大。从纵向来看，职级越往上，股票的占比就越大。 相比于工资和奖金，代表更看重的其实是晋升，因为职级一旦晋升，工资就会涨上去，奖金包也会更大，公司会多配股。

多元化激励有如下几个特点：

（1）主管收入更多来自长期激励，职位越高占比越大。

（2）主管岗位任期一般不超过 3 年，绩效不好，随时下岗（每年末位 10% 淘汰）。

（3）相对奖金，主管更看重仕途发展带来的更大收益。

（4）不敢挑战的干部，得不到晋升。

一方面，通过末位的淘汰和岗位流动，让干部处于不稳定的状态；另一方面，通过多元化的激励，尤其是晋升的激励、股票的激励、奖金的激励、工资的激励组合，让干部充满干劲和活力。

除了工资、奖金和长期激励之外，在组织中最重要也是最有价值的激励，其实是机会激励（怎么给干部升迁），但是现实中，我们发现有很多企业在这方面做得并不好，它们浪费了一个最大的激励资源。

干部梯队建设和后备干部培养可以用 16 个字来概括：以岗定级，以级定薪，人岗匹配，一岗一薪。

华为每一个层面的人都可以定义。从 12 级到 23 级，分别是基础工作执行者、例行工作执行者、初步的独立贡献者、独立贡献者 / 初步的团队贡献者、团队贡献者、关键贡献者、准专家、专家、资深专家、领域权威、领域发展领导者、愿景领导者。把人都定义出来，列出其通用职责集要，按照分层分级来进行考核。你不能拿一个新员工跟一个领导比谁贡献大。

华为对干部的管理，对人才的管理，有非常清晰的逻辑。按照这套机制，一个员工进入公司 15 年，就像在爬楼梯，每年就特别希望升一级，或者明确该从哪些方面努力才能再升一级。

以上四点，是华为对于干部管理的三个痛点问题的梳理和解决思路。

对于鲁南制药来说，要想达到这样的管理体系和管理水平，还有比较长的一段路要走。

华为是当前中国最优秀的企业之一，很多央企也在学习华为。我们鲁南制药与华为相比差距很大，但我们也要认真地学习华为。

科技创新是持续创造价值的源泉

价值是动态的，价值是有时效性的。20 世纪 90 年代一台 BB 机可以价值近万元，但是到今天一文不值，当初那些造 BB 机的企业也因此被淘汰。这是没有理解到价值的动态性的后果。企业理解了价值的动态性，才能持续地创造价值。

持续创造价值的源泉则是持续不断的科技创新！

持续的科技投入

科技是第一生产力，人才是第一资源，创新是第一动力。在应用科学技术创造价值方面，鲁南制药可以说是不遗余力，科研资金不设上限，科技投入一直在行业里名列前茅。在目前国内医药行业的研发投入普遍在 2% 的较低水平的环境下，鲁南制药每年将 5% 的销售收入投入科技研发中。2001 年以来，平均每年的科研经费投入都占到销售收入的 7% 以上，最高年份达到 18%。2022 年一年研发投入达到 15.7 亿元。

科技投入首先是对科技人才的投入和重视。科技人员的待遇在公司是数一数二的。这不仅是一种金钱上的投入，更是企业家对科技的态度的体现，具有重要的引领示范效应，是现代版的立木为信。正因为有了这种重视，才有了天下英雄蜂拥而至，才有了鲁南制药生机勃勃的发展成果。

2004 年，南开大学毕业的刘忠不仅自己留在了鲁南制药，而且说服了自己在中科院生化所的博士后妻子赵丽丽也加盟鲁南制药，而那时妻子即将到美国的一所著名大学工作，即将获得美国绿卡。赵丽丽一来，公司就拿出上亿元为她成立了生物催化实验室。2014 年夫妻俩分别获得“山东省五四青年奖章”和“全国五一劳动奖章”。

科技投入的最直接体现就是能创造价值的研发项目和产品。

F613 项目是鲁南制药 2 亿多元重金投入的第一个生物发酵项目。这个项目是要把 50 升小型发酵罐的发酵工艺扩大到 125 立方米的大发酵罐中进行工业化生产，是药品小试到产业化的“瓶颈”。这个项目的谭利华团队从 2003 年初试，到 2009 年第一次里程碑改良，再到 2010 年实质性改良，终于把这个工艺的水平提升到了国内一流，并出口到美国和欧盟等发达国家，为公司创造了巨大价值，而且掌握了关键技术。

20世纪90年代德国有一种治疗心脑血管疾病的特效药异乐定，可是价格太贵了，200多元一盒，大部分患者吃不起。鲁南制药决定攻克这一难题。这款替代药终于被鲁南制药开发出来了，经测评，效果跟国外进口的异乐定一样，而价格只需要50元。经过几年竞争，德国的异乐定不得不惨淡退场，鲁南欣康迎来了价值爆发，成为公司的拳头产品，每年为公司创造10多亿元的价值。

鲁南制药对科技的运用不仅体现在研发和制造环节，实际上小到日常的行政后勤环节，大到业务销售环节都在应用科技的力量。我们聚焦数字产业化和产业数字化，不断提高生产、科研、经营、管理、服务业务审批流程数字化程度。2022年智慧园区的智慧消防和技防全面建成并投入试运行，财务、审计转型，预算系统与商旅系统、电子化发票流程对接的项目也正在进行，以期加强对部门费用的管控，助推降本增效。基于云服务平台的首荟商城入选2022年度数字经济重点项目；厚普公司入选2021年度市级工业互联网应用标杆项目。

现在，鲁南制药集团设有国家手性制药工程技术研究中心、哺乳动物细胞高效表达国家工程实验室、中药制药共性技术国家重点实验室、国家级企业技术中心等多个高位研发平台，和国内外100多家高校及科研院所建立了技术合作关系，企业技术中心创新能力居全国医药行业前列，跻身 2017 年中国企业创新能力百强榜，获得国家技术发明奖二等奖 1 项、国家科技进步奖二等奖 7 项，2018 年荣获“何梁何利基金科学与技术创新奖”。

鲁南制药建立了与 ICH、FDA、EDQM 等国际质量监管理念接轨的质量保证体系，所有剂型和品种全部通过国家新版 GMP 认证，多次荣获“中国医药研发产品线最佳工业企业”称号，整体质量管理水平位居全国同行业前列。企业在产品质量水平、自主创新能力以及管理水平上处于同行业领先地位，上榜中国企业专利 500 强，居“2022 民营企业发明专利 500 家”第 41 位，还荣获了第六届山东省省长质量奖。

持续的产品创新

产品是一个企业服务客户创造价值的最基本抓手，关于产品战略最著名的理论是安索夫矩阵，我们可以把这个矩阵应用到我们的价值创造中，这就是我们在用产品创造价值方面的战略，我称之为“产品价值创造矩阵”，我将按照这个模型来给大家阐述我们在这方面的做法，如图 2.2 所示。

图 2.2　产品价值创造矩阵

第一象限价值重塑

在第一象限，现有产品国内市场上，我们 2015 年明确了“保持化学制药优势，大力发展中药，做强生物制药”的策略，主要是通过价值重塑打造大单品，让品牌高端化。

为什么要打造大单品？企业规模过千亿元，要靠两三款百亿元单品，而超大规模单品的选择，是所有企业跨越千亿元产值的门槛。你不用推广、不用宣传，病人都会选你的产品。这样也带来了隐性成本的降低。不能完成效率和效益的再突破，企业是做不大的。大单品保证的，就是效益和效率的复制，在这种复制中做到工业化生产，追求极致。生产过程中多品种管控，造成了极大的浪费和生产线的冲突，因为这不是效率最高的做法。把一个单品做成最大，重复地做，无论是生产效率还是销售效率都是最高的。只干一件事情才是最好干的。这就是规模效应、专业化效应、边际效应。

我经常告诫大家，一定要理解，要把首荟、荆防，包括咱独家产品做成过 50 亿元的产品，到那个时候才能真正理解销售。不要认为一个产品卖个三五亿元就不错了，那是小厂家的思维。鲁南制药要过千亿元，单品必须过百亿元，并且有多个单品过百亿元。当然如果你一个产品能过 300 亿元、500 亿元最好。

为什么要品牌高端化？品牌高端化就具有了居高临下的势能。为什么相同的产品，一瓶水在士多店只能卖2元，而依云可以卖到几十元？这就是品牌的势能。势能越大竞争对手越少。没有这个势能，你就只能在低端跟那些数不清的竞争对手一起打乱仗。

如何打造大单品？具体措施可以概括为“四大战略”，即院企合作、商业合作、连锁合作、学术合作；“五大举措”即加强产品线建设、加强中药产品和新产品的开发、加强院外处方开发、加强院企合作和县域医院开发、加强黄金单品的打造。

现在，我们的欣康系列产品和抗癌特效药维康达年的销售额均已突破 10 亿元；降脂药瑞旨（瑞舒伐他汀钙片）系列产品，市场前景广阔，预计很快可突破 10 亿元销售额。在大力发展中药方面，我们反其道而行之，打破长期以来人们对中药“见效慢、疗程长、作用缓”的固有认知，既然中医里的“针灸”能够立竿见影——只要找对穴位、手法得当，就能快速见效、疏通经络——那么背后哲学相通的中药为什么不能？经过长时间的研究选择，我们选到了首荟通便胶囊这样的单品，它主打通便排毒、减肥降脂，针对功能性便秘，全面改善胃肠功能。2017 年，首荟获得“中国专利优秀奖”，2020 年入选“山东创新工业产品目录”。上市 5 年之后，2021 年它的销售额达到了近 7 亿元。只要从整盘规划入手，用好各种措施，包括互联网等创新营销措施，把它打造成过百亿元的产品都是有可能的。

我给大家举个例子，阿托伐他汀钙片（立普妥）是辉瑞研发的一种针对心脑血管疾病和心脏病的降胆固醇药物。2004 年，它就成为全球首个销售额突破百亿美元的药品，其后销售额又突破了 130 亿美元。而在出现其他强劲对手的情况下，立普妥的销售额每年仍居高不下，维持在百亿元以上很多年，如图 2.3 所示。

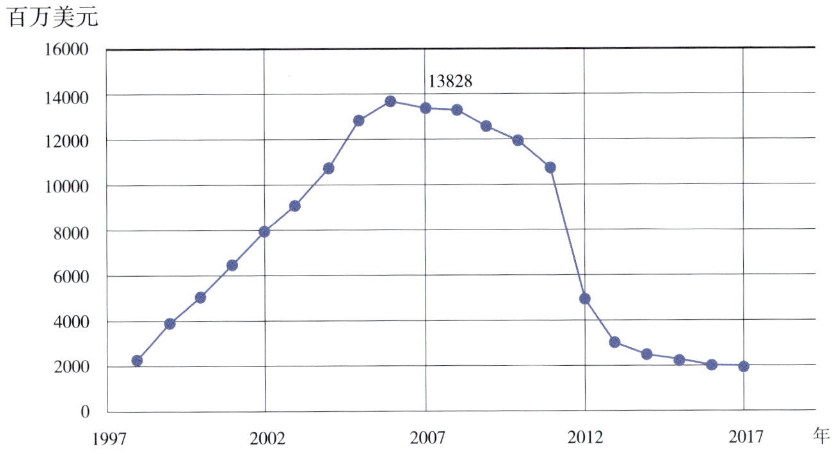

图 2.3　立普妥销售额曲线

当 2014 年我们只有几十亿元营收的时候，我提出年营收百亿元的目标，很多人不相信。当实现了百亿元目标，我提出“百年品牌，千亿鲁南”的时候，很多人又觉得不可能。但是，我坚决相信，1000 亿元是完全可以的，不仅是可以的，而且是有可能超越的。

第二象限价值扩展

我们先抢占高端市场，以储备居高临下的势能。2014 年 9 月，七氟烷等 6 个原料药顺利通过美国 FDA 现场核查，并于 2018 年 9 月顺利通过 FDA 复查验收；盐酸阿夫唑嗪、克拉维酸钾、异氟烷、七氟烷等 6 种原料药顺利通过欧盟 CEP 认证，拿到了国际最高标准“市场通行证”，敲开了欧美高端国际市场的大门。鲁南制药集团以国际化战略为目标，建立了严谨科学的工作流程，建立了与 FDA、ICH、EDQM 等国际先进的质量监管理念接轨的质量保证体系，多个原料药产品通过了欧洲 COS 认证、美国 FDA 认证，制剂通过了印度尼西亚、哥伦比亚等国家质量认证。2022 年国际业务收入再创新高，同比增长 9%；首批瑞舒伐他汀钙片（瑞旨）发往欧美、日本等市场，业务稳步推进，实现制剂产品向法规市场“零”的突破，开启国际业务新征程。

第三四象限价值开发和价值创造

虽然上述两个象限已经看到了我们千亿元目标的必然性，但是我们还要再储备更多的战略路径，这就是我们的同心多元化战略。2022 年我们提出了“药、妆、菌、食”业务四线发展的战略，也就是产品向功能性化妆品、保健品、健康食品方向扩展，这背后是前景巨大的大健康产业，每条线都可能孕育一个千亿元企业，再造几个鲁南制药都有可能。2022 年的成效：F19 单体通过生产许可认证（SC 认证），阿胶人参胶原蛋白肽草本饮品、黄精栀子葛根草本饮品 / 固体饮料、益生菌发酵山花晶饮料（非活菌型）、复合益生元山楂饮料等 5 款功能性食品已经具备上市条件。

到目前为止，我们的山东新时代药业已有 36 个品种过评 / 视同过评，涵盖 8 个治疗大类，集中在抗肿瘤和免疫调节剂（11 个）、消化系统及代谢药（10 个）几大治疗领域，见表 2.1。

表 2.1　山东新时代药业过评情况

2020 年	2021 年	2022 年	2023 年至今
奥美拉唑肠溶片 *	注射用生长抑素	达沙替尼片	西吡氯铵含片 *
替吉奥胶囊	盐酸伊伐布雷定片	苯磺酸左旋氨氯地平片	奥利司他胶囊
	注射用培美曲塞二钠	富马酸伏诺生片 *	吸入用七氟烷
	酮咯酸氨丁三醇注射液	阿加曲班注射液	盐酸沙丙蝶呤片 *
	奥沙利铂注射液	吗替麦考酚酯胶囊	注射用亚胺培南西司他丁钠
	盐酸表柔比星注射液 *	注射用艾司奥美拉唑钠	替莫唑胺胶囊
	硫辛酸注射液	依诺肝素钠注射液	盐酸伐昔洛韦片
	阿昔替尼片 *	盐酸二甲双胍缓释片	氟维司群注射液
	富马酸替诺福韦二吡呋酯片	盐酸法舒地尔注射液	注射用盐酸表柔比星
	利伐沙班片		注射用帕瑞昔布钠
	注射用奥美拉唑钠（含静脉滴注）		注射用阿扎胞苷
	依托度酸胶囊 *		
	米格列醇片		
	酮咯酸氨丁三醇片 *		

注：带 * 为首家 / 独家过评。

资料来源：米内网一致性评价进度数据库。

3 款 1 类新药接连申报临床，改良新药盐酸表柔比星脂质体注射液获批临床，入局超 20 亿元降压药市场。目前，公司有 15 款新药（见表 2.2，其中 8 款 1 类新药）处于申请临床及以上阶段，利妥昔单抗生物类似药、PD-1 洛奈利单抗上市可期。在仿制药方面，山东新时代药业有 6 个品种获批生产，总过评品种数扩容至 36 个，两大品种拟纳入第九批集采；32 个新分类申报品种在审，瞄准 400 亿元市场。

表 2.2　山东新时代药业国内在研新药

药品名称	药品类型	注册分类	国内最大研发进展	适应症	药物信息
利妥昔单抗注射液	治疗用生物制品	新药 2 类	Ⅲ 期临床	CD20 阳性弥漫大 B 细胞性非 霍奇金淋巴瘤	生物类似药
洛奈利单抗注射液	治疗用生物制品	新药 1 类	Ⅱ / Ⅲ期临床	肝细胞癌	抗 PD-1 单抗
重组人源化抗 CD47 单克隆抗体注射液	治疗用生物制品	新药 1 类	Ⅰ期临床	复发或难治性淋巴瘤	抗 CD47 单抗
注射用重组人源化抗 BCMA/CD3 双特异性抗体	治疗用生物制品	新药 1 类	Ⅰ期临床	复发或难治性多发性骨髓瘤	抗 BCMA/CD3 双抗
枸橼酸莫沙必利注射液	化学药	新药 2.2 类	Ⅰ期临床	术后胃肠功能障碍	–
富马酸伏诺拉生注射液	化学药	新药 2.2 类	Ⅰ期临床	消化性溃疡	–

续表

药品名称	药品类型	注册分类	国内最大研发进展	适应症	药物信息
注射用重组人源化抗CD19/CD3 双特异性抗体（LNF1904）	治疗用生物制品	新药 1 类	Ⅰ期临床	复发 / 难治 B 细胞恶性肿瘤	抗 CD19/CD3 双抗
左布比羟利溴铵注射液（LL–10）	化学药	新药 1 类	Ⅰ期临床	外科手术麻醉；急性疼痛控制	–
注射用紫杉醇胶束（XZ116）	化学药	新药 2.2 类	Ⅰ期临床	晚期实体瘤	–
淫羊藿苷元胶囊	中成药	新药 2.2/2.3 类	获批临床	原发免疫性血小板减少症	–
盐酸表柔比星脂质体注射液	化学药	新药 2.2 类	获批临床	恶性肿瘤	–
F012	治疗用生物制品	新药 1 类	申请临床	–	–
LNF1802 单克隆抗体注射液	治疗用生物制品	新药 1 类	申请临床	注	–
LNF1901 单克隆抗体注射液	治疗用生物制品	新药 1 类	申请临床	–	–
LN1000	化学药	新药 2.2 类	申请临床	–	–

资料来源：米内网综合数据库。

不仅如此，我们还有新的分类申报和在审的品种，通过科技创新形成了有机的价值创造梯队，见表 2.3。

表 2.3　山东新时代药业新分类申报且在审的品种

药品名称	申请类型	注册分类	承办日期	治疗大类
缬沙坦氨氯地平片（1）	申请生产	仿制 4 类	2023/09/21	心脑血管系统药物
注射用尼可地尔	申请生产	仿制 3 类	2023/08/30	心脑血管系统药物
阿瑞匹坦胶囊	申请生产	仿制 4 类	2023/08/16	消化系统及代谢药
硝苯地平控释片	申请生产	仿制 4 类	2023/08/1	心脑血管系统药物
比拉斯汀片	申请生产	仿制 4 类	2023/07/27	呼吸系统用药
来曲唑片	申请生产	仿制 4 类	2023/07/14	抗肿瘤和免疫调节剂
针特酸葡胺注射液	申请生产	仿制 4 类	2023/07/6	杂类
恩格列净片	申请生产	仿制 4 类	2023/06/15	消化系统及代谢药
盐酸西替利嗪注射液	申请临床	仿制 3 类	2023/06/2	呼吸系统用药
异氟烷	申请生产	仿制 4 类	2023/04/26	神经系统药物
醋酸曲普瑞林注射液	申请生产	仿制 4 类	2023/04/12	抗肿瘤和免疫调节剂
普乐沙福注射液	申请生产	仿制 4 类	2023/04/10	抗肿瘤和免疫调节剂

续表

药品名称	申请类型	注册分类	承办日期	治疗大类
琥珀酸普芦卡必利片	申请生产	仿制 4 类	2023/03/30	消化系统及代谢药
依折麦布片	申请生产	仿制 4 类	2023/03/14	心脑血管系统药物
硝酸异山梨酯注射液	申请生产	仿制 4 类	2023/02/11	心脑血管系统药物
磷酸西格列汀片	申请生产	仿制 4 类	2023/02/11	消化系统及代谢药
枸橼酸托法替布片	申请生产	仿制 4 类	2023/02/11	抗肿瘤和免疫调节剂
吉非替尼片	申请生产	仿制 4 类	2023/01/29	抗肿瘤和免疫调节剂
钆布醇注射液	申请生产	仿制 4 类	2022/12/30	杂类
沙库巴曲缬沙坦钠片	申请生产	仿制 4 类	2022/12/10	心脑血管系统药物
舒更葡糖钠注射液	申请生产	仿制 4 类	2022/11/05	杂类
注射用唑来膦酸浓溶液	申请生产	仿制 4 类	2022/10/21	肌肉 – 骨骼系统
磷酸奥司他韦胶囊	申请生产	仿制 4 类	2022/10/18	全身用抗感染药物
钆喷酸葡胺注射液	申请生产	仿制 4 类	2022/8/18	杂类
匹伐他汀钙片	申请生产	仿制 4 类	2022/08/02	心脑血管系统药物
罗库溴铵注射液	申请生产	仿制 4 类	2022/07/22	肌肉 – 骨骼系统
甲磺酸仑伐替尼胶囊	申请生产	仿制 4 类	2022/06/03	抗肿瘤和免疫调节剂

续表

药品名称	申请类型	注册分类	承办日期	治疗大类
甲苯磺酸艾多沙班片	申请生产	仿制4类	2022/5/27	血液和造血系统药物
卡培他滨片	申请生产	仿制4类	2022/04/21	抗肿瘤和免疫调节剂
阿哌沙班片	申请生产	仿制4类	2022/04/19	血液和造血系统药物
他达拉非片	申请生产	仿制4类	2022/03/07	生殖泌尿系统和性激素类药物
米诺膦酸片	申请临床	仿制3类	2021/12/02	肌肉－骨骼系统

资料来源：米内网中国申报进度（MED）数据库。

第 3 章

价值评价与分配

03

鲁南制药的宗旨是“造福社会，创造美好生活”。在这个宗旨的指引下，我们在价值分配的时候，要公为先、公为上。当然，一个好的分配制度，一定能在“公”的前提下解决“私”的问题。大家不用担心，鲁南制药既有能力又有智慧，一定能解决公私兼顾的问题。

如果承认企业内部不同能力的员工创造的价值大小不同，那么，就必须以合适的方式对员工们创造价值的能力和最终结果进行科学合理的评估，破除陈旧观念。

我一直说，鲁南制药活得好，一定是靠勤奋的人养活，不是靠懒人，但是拖垮我们的一定是懒人，想不劳而获的人，想少干活多拿钱的人。

价值分配不是被动的分配过程，而是资源的重新配置过程。它既是价值链循环的终点，又是价值链循环的新起点。

价值分配体系的关键在于首先确立其理念，即与价值创造和价值评价理念相一致的价值分配理念。

从宏观层面看，社会财富有 3 次分配模式：一次分配就是工资，由市场主导；二次分配就是社保，由政府主导；三次分配就是公益，由社会道德驱动。

对鲁南制药自身的价值分配体系来说，要进行转化，即把公司创造的价值转化为可以分配的价值。任何一家公司都不能将其创造的全部价值完全分配给员工，在企业内部，实际上也存在着价值的分配和再分配问题。

企业创造的价值应有三个方面的分配去向：

分配给社会——以税收、捐赠等方式承担社会责任。

分配给员工和股东——以工资、奖金等形式实现员工和家人的幸福；以分红等方式回报股东。

分配给未来——以存留利润、投资等作为企业未来发展的资本。

鲁南制药的经营宗旨是“造福社会，创造美好生活”。在这个宗旨的指引下，我们在价值分配的时候，要公为先、公为上。当然，一个好的分配制度，一定能在“公”的前提下解决“私”的问题。大家不用担心，鲁南制药既有能力又有智慧，一定能解决公私兼顾的问题。

在价值分配问题上，我们可以在一定程度上学习华为。

华为重视物质分配，提倡让奉献者得到合理的经济回报，但金钱绝非华为唯一的分配方式。华为同时认为，给员工发挥才能的机会，让人才脱颖而出，是对人才最大的激励。任正非认为待遇不仅指金钱，还包括职务的分配、责任的承担，而绩效考评是华为员工晋升的依据。他希望每个员工都努力工作，在努力工作中得到任职资格的提升。

就鲁南制药而言，可分配的价值也有两大类：一类是物质价值的分配；另一类是机会、职位以及荣誉等精神价值的分配。

这里主要讨论物质价值的分配。

图 3.1 是新价值模型，我们看到，人作为价值创造的主体，发挥其主观能动性，作用于价值创造的客体，从而创造了价值，这只是完成了价值创造的第一个循环。而价值创造过程是个持续放大的循环，也就是说它还要继续进入下一个更大的循环。但能不能进入下一个更大的循环，取决于你如何评价、如何分配第一个循环的价值创造行为中的各个要素参与者。好的评价，能对下一个价值创造循环产生强化和激励作用；不好的评价，则会对下一个价值创造循环产生弱化和抑制作用，最终导向寂灭。所以价值评价和价值分配实际上是紧密相关的两个问题。

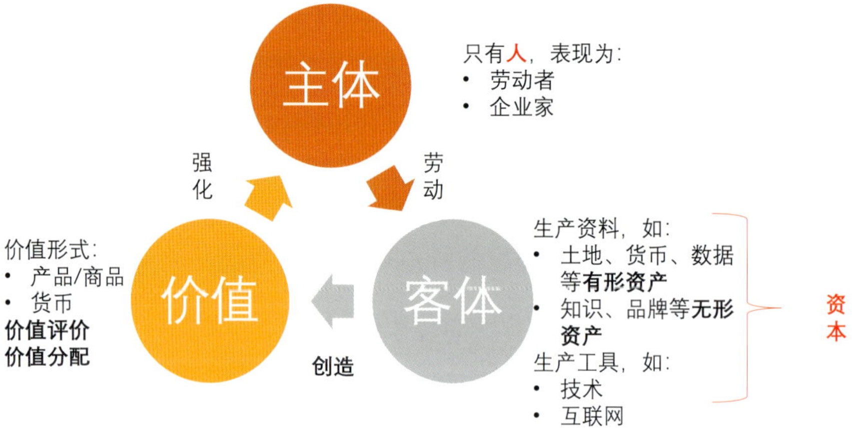
主体
只有人，表现为：
• 劳动者
• 企业家
强化
劳动
价值形式：
• 产品/商品
• 货币
价值评价
价值分配
价值
创造
客体
生产资料，如：
• 土地、货币、数据等有形资产
• 知识、品牌等无形资产
生产工具，如：
• 技术
• 互联网
资本

图 3.1　新价值模型

价值评价的多个维度

企业创造的价值究竟该如何评价?

企业价值评价分为企业内部评价和企业外部评价两个视角(如图 3.2 所示),其中,企业外部评价包括市场评价、社会评价两大维度。另外,还有一个非常重要的维度就是时间评价。这是超越了市场评价、社会评价的最高级别的评价。

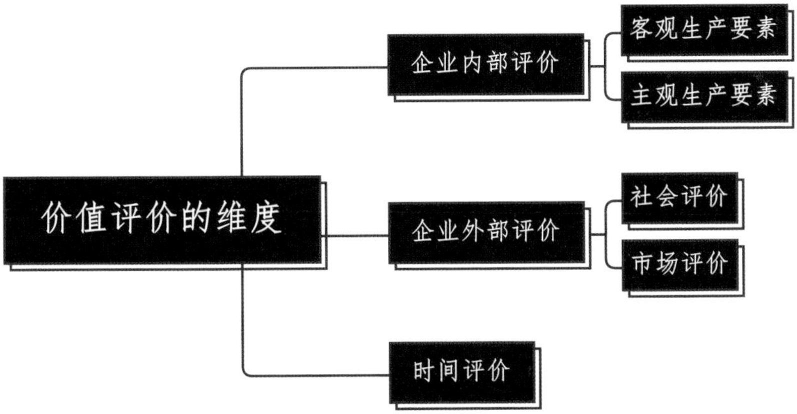

图 3.2　价值评价的维度

企业内部评价包括对参与价值创造的各种生产要素的评价，既包括资本以及资本购买来的土地、技术和数据等客观生产要素，也包括对价值创造的主观生产要素——人的评价。在企业内部，一个人能力如何，收入如何，是由他创造的价值决定的。他创造的价值大小，则必须在市场上检验才能知道。

市场是价值的“试金石”

没有业务的发展，就没有公司的发展。我们每个人的工作都要接受市场的检查和考验。你的工作质量，你的服务水平，将决定公司的未来。公司的所有干部员工都要面向市场、贴近市场、融入市场，真正把握市场的要求和需求。

创新到底是什么？从我们服务消费者的角度上看，市场的创新就是让消费者获得更多的正向感受。我们一定要理解，创新的方式是满足消费者、服务消费者，让消费者满意，核心还是服务，用差异化服务满足消费者的需求。

我前几年去浙江市场看，几家医院都是年销售额十几亿元。我们业务人员非常优秀，能完成任务，年销售过千万元，但是，几千万元的市场销售额只占十几亿元的百分之零点几，这种对市场的认识是有差距的。我另外去了几家医院，医务人员有三四千人，我们四名业务员的服务是远远不够的，要想覆盖到每个科室、每个人员，是根本做不到的。在市场细分这个问题上，一定要彻底解放思想，市场一旦被竞争对手占领了，再夺回来就很难。希望所有业务人员都有大市场观念，解放思想。

大市场需要大投入。投入包括时间、精力、费用、人力，还有个人的投入，包括对产品的认识要到位。同样的产品，医生为什么要用我们的，必须和医生交流出差异，销售就是差异服务，鲁南制药的产品和其他产品是有差异的。

科研也离不开市场，如果我们不考虑产品在市场上是否有竞争力，那就已经偏离了市场。不关心市场时做的产品不可能有竞争力，因为你对未来的预期是零。在市场维度上，价格是最敏感的。疗效和价格这两个维度，要么质量敏感、疗效敏感，要么价格敏感。

对研发来说，我们的产品不能总停留在实验室，走不进生产车间，走不进市场和患者中间，那我们的研发就没有意义了。你几十年才出一个成果，公司可能早就垮了，咱们等不起。一定要把“成果型”评价转变成“市场型”评价，我们要的不是你的“研发成果”，我们要的是你研发成果的市场化，让市场和客户来检验你研发的成色。

一个好的科研管理人员要会“没事找事干”。没事找事干其实就是发现问题、解决问题的能力。没事干说明你找不到问题、发现不了问题，这是根本。

无论是研发还是管理，都既要规范，也要科学。在规范和科学上，一定要“削足适履”，当初华为也提过这个观点。削足适履就是规范化下的科学化。首先是规范，然后是科学。你倒过来，这违背客观规律，你没法规范。

市场的评价体现为市场是否接受你，市场是否给你货币的回报，给你多少货币回报。本质上，市场评价是市场对一家企业的生产要素组织效率的评价，如果企业对生产要素的组织效率低下、成本过高，企业终将被市场淘汰。从经济学视角来看，市场就是在经济发展中起作用的那只“无形的手”。这只“手”虽然无形，但非常有力量。

作为市场经济中的企业，我们必须遵循市场规律，按照市场规律办事，在市场评价中获得“高分”。

市场评价之外，还有一个维度的评价也非常重要，那就是社会评价。

被愈加重视的社会评价

社会责任理论的提出者是管理学大师彼得·德鲁克。

德鲁克指出："每个组织必须承担所有与其有关的员工、环境、顾客和其他与组织有关联的人和事的全部责任，这就是它的社会责任。"可见，德鲁克将组织的社会责任划分为两大部分，即外部责任和内部责任。组织的外部责任，是指组织对组织以外的社区和社会负有的责任；组织的内部责任，是指组织对其员工和业绩等负有的责任。组织只有积极主动地承担起对内、对外两方面的责任，才不仅使自身受益，而且有利于社会。相反，对这些责任的漠视，往往导致外界对组织的惩罚和干预，组织终将为其不负责任的行为付出高昂的代价。

现在，企业的社会责任已经成为理论界和实践界的一个共识。不过，在一般人的概念里，社会责任主要是指组织的外部责任。

一般意义上的社会责任包括企业环境保护、安全生产、社会道德以及公共利益等方面，由经济责任、持续发展责任、法律责任和道德责任等构成。这里不仅指企业责任，还有其他的社会责任。

中国社会科学院 2011 年《中国企业社会责任报告》提出的社会责任指的是从责任管理、市场责任、社会责任和环境责任等四个方面评价企业社会责任发展水平。

鲁南制药一直非常重视社会责任，我们在工厂设计、建设的时候就高标准、严要求，严格执行环保标准，建设了高标准的污水处理系统；在生产过程中也严格按照生产规范，尽可能减少污染物排放，排放的废水、废气等都进行环保处理后才排放到大自然中。

此外，我们在研发过程中也非常重视环保、安全等指标。这也是我一直对研发人员提出的硬性要求。我们必须做一家环境友好型的企业。

另外，我们几乎每年都通过红十字会等渠道捐赠药品、钱款等，比如疫情期间，单单“启达力荆防颗粒”这一种我们就捐赠了价值上亿元的药品。

我相信，鲁南制药的每一个员工，都会为我们能尽到的这份社会责任而自豪。

更为长久的时间评价

以上还只是空间的评价，更为长远的评价是时间的评价。你在现实条件下，空间上影响力再大，也可能经不起时间的评价。这样的例子很多，前面我们谈到的海鑫钢铁的案例，当下一派红火，为什么忽然倒塌？说明能经得起空间检验的不一定经得起时间的检验。

我认为企业的价值评价，应该在各个生产要素之间有个客观的、动态的分配比例。所谓客观的，是要符合客观规律，比如人是第一要素，比如企业的社会责任等。所谓动态的，就是这个比例根据具体情况的不同可以灵活调整。

那么什么样的价值评价和分配才是客观的，能经得起空间和时间的检验的呢？

我用一张图来表示，如图 3.3 所示，我们把价值创造因素由被动到主动分为 10 个量级标注在这个数轴上。主动性生产要素是人，既包括直接参与价值创造的人，也包括资本背后的人——资本所有者；既包括资方的人，也包括劳方的人；既包括企业家精神背后的企业家，也包括劳动背后的劳动者；既包括科研人员，也包括生产人员和销售人员。被动性要素就是资本、土地、技术和数据等。

图 3.3 价值评价的有效性

前面已经讲过，价值创造中只有人的要素是主动要素，没有人的参与，其他被动要素都是摆设，都无法创造价值。所以，判断一个价值评价和分配方法是否有效，就看它更倾向于对人的激励还是更倾向于对物的激励，离具有主观能动性的人越近，其评价和激励越有效。

几年前，我跟一个企业家吃饭，那时候的他风光无限，旗下有两家上市公司。说到员工激励的时候就自然说到了股权激励，他说：“我不认可用股权的方式对员工进行激励。我们这个集团，我是最大的股东，对关键人才，我们只要给够钱就好了，为什么非要股权激励呢？”看他振振有词，我就很客气地请他思考思考，股权给人带来的主人公责任感和工资奖金收入带来的“我只是个打工者”的感觉，哪一个更好？现在，他的企业每况愈下，之前的高管相继离职，2022 年的年报净亏 6 亿多元，公司摇摇欲坠。

你今天的问题一定是昨天的决策造成的。我不知道这位企业家意识到这一点了没有，他今天的惨状，跟他对五大生产要素贡献度的评价排序有关。他死死地守住这个公司的控股权，认为“我是最重要的”，认为“我作为资方的资产要素（土地、技术、资本）是最重要的”，不给高管和关键人才一点点股份，认为只要给够他们收入了，他们自然就会给他卖命。事实并非如此。

这是这个数轴的一端。

而作为数轴的另外一端的例子是华为，华为的案例我们多次提到，华为的辉煌也是众所周知，特别是这次面对美国举国之力的打压，他们非但没有倒下，反而“大雪压青松，青松挺且直”。为什么？这跟华为对人这一价值创造的唯一主动要素的重视直接相关。

任正非作为华为这家企业的创始人，早都把自己的股份分出去了，到目前为止，任正非只持有这个公司1%多一点的股份。他是不是只给股份，在工资和奖金方面就不重视了呢？并不是，这个激励他也很重视。华为连续几年在全球招聘天才少年，一个应届毕业的博士生可以给到220万元的年薪。当然，实践和市场也立刻对华为的这种价值评价和激励措施给出了比较高的打分。华为从2G到3G的这一历史性的突破，就是他们所招的这些天才科学家实现的。任正非在一次接受电视台采访中说到：我们这些院士，跟他说话他只是“嗯嗯嗯”，平时老是在玩游戏，突然有一天他说攻克了2G到3G的算法，我们立刻委托上海研究院去验证，验证的结果果然如此，所以我们在3G时代开始迈出了实质性的追赶和超越步伐。

光脚的闹革命是最彻底的，因为他们没有可失去的。华为老板任正非作为资方，就是这样的。他对人才的评价和激励，很有理论和实践意义。

企业内部评价的激励作用

上面从宏观层面对价值评价和价值分配进行了一个概览，下面我们回到企业内部的价值评价和分配。

就一般销售型企业的短期经营而言，企业价值评价和分配的排序是市场销售—生产—研发。但市场蒸蒸日上的时候，从长线出发，研发就是最重要的。

具体到我们鲁南制药，因为种种原因，现在还没有启动股权激励，我们的激励暂时还停留在工资奖金和福利这个层面。比如我们倡导提高管理水平，减员增效，三个人干五个人的活拿四个人的工资。探索将 10% 增值部分给到团队，这是在职奖励，实际上已经不低了，克拉维酸钾团队已经可以达到七八十万元年薪了。现在我们提出要打造百万元年薪的收入标杆。

在福利这个层面，我们早已开始了按贡献排序的公房激励，也就是说你只要是价值的创造者，公司就给你房子，你的买房问题解决了。不过，现在改用发公积金的形式了。

乌纱帽也是个激励，我提出乌纱帽要戴到最有价值的人头上。没有乌纱帽的那些技术研发人才怎么办？我们也已经开始尝试"H"形的管理和专家双线晋升路径，也就是说你只要有价值创造，我们给你相当于同级乌纱帽的待遇。

另外我们还有内部创业激励，对那些有价值创造能力的，我们就给他创业支持，让他成为合伙人。

总之，价值评价是价值创造循环的一个关键环节。德鲁克说，一件事不能被量化就不能被管理。成本会计和管理会计不是一回事，我们就是要从成本会计和管理会计两个方面算清楚这笔账，给价值创造者一个公平的有激励的评价。一个企业，如果做不好这一点，那就会导致劣币驱逐良币。

价值评价必须考虑人效比

横向对比人均创造的价值（人效），是价值评价的重要内容。

我们很多员工觉得自己为公司贡献很大，甚至很多老员工认为自己为鲁南制药的发展立下了汗马功劳。我们首先要充分肯定所有鲁南人为鲁南制药发展壮大做出的重大贡献、重大牺牲，经历的重重坎坷。正是几代鲁南人持续的拼搏奋斗，才让鲁南制药在如此残酷的市场竞争中，在一次次的生死考验面前挺住了，生存了下来，而且到目前还活得算是不错的。

但是，我们鲁南制药的目标绝非只是活下来，而是要有质量地发展、高速发展，成为服务全球、健康世界的伟大企业。围绕上述伟大目标，我们就不能自满，必须认真考察我们的竞争力到底如何，我们创造价值的能力到底怎样。

我们要关注人效比，关注利润率。

利润率类似于一个难度系数，利润率低了就要降费用，要么你卖高附加值的产品。我们的销量制定要科学，明晰人均销售和销售均数，达不到销售均数，增长多少都不能满足公司的要求。完成翻番、增长多少，要科学地说话，不夸大也不要给自己留底。

效率最大化，就是找出卖得好的产品。2020 年，维康达的日均费用是 90 元，2021 年日均费用在维康达之上的有 23 个产品，包含首荟和脉络舒通，以及很多中药产品，要理解那是效率最高、转换成金额最高的，就是应该卖的。

价值创造的大小要从几个维度进行评价：第一，在公司内部比。在公司内部创造价值最大、效率最高、费用最少。第二，与公司外部比，与同行比，与同业平均水平比。我们不能做井底之蛙。

2022 年上半年，全球 TOP15 药械企业员工“人均效能”前三分别为吉利德、百时美施贵宝、辉瑞（见表 3.1）。

表 3.1　2022 年上半年全球药械企业 TOP15 人均效能榜单

排名	公司	营收（亿美元）	净利润（亿美元）	员工人数（人）	人均效能（万美元）	人均净产值（万美元）
1	吉利德	129	11.5	14400	89.6	8.0
2	百时美施贵宝	235	27.1	32200	73.0	8.4
3	辉瑞	534	177.8	79000	67.6	22.5
4	艾伯维	281	54.2	50000	56.2	10.8
5	安进	120	27.9	24200	49.6	11.5
6	默沙东	305	82.6	68000	44.9	12.1
7	礼来	143	28.6	35000	40.9	8.2
8	罗氏	341	96.6	100920	33.8	9.6
9	强生	475	99.6	144300	32.9	6.9
10	阿斯利康	222	7.5	83100	26.7	0.9
11	诺华	259	39.1	104323	24.8	3.8
12	赛诺非	217	33.8	95442	22.7	3.5
13	雅培	232	44.7	113000	20.5	4.0
14	葛兰素史克	179	39.7	90096	19.9	4.4
15	美敦力	158	20.9	95000	16.6	2.2

吉利德：营收 129 亿美元，员工 1.4 万人，人均效能 89.6 万美元。

百时美施贵宝：营收 235 亿美元，员工 3.2 万人，人均效能 73.0 万美元。

辉瑞：营收 534 亿美元，员工 7.9 万人，人均效能 67.6 万美元。

在扣除了营业成本、研发销售成本、其他费用、税费等支出后，从人均净产值来看，前三分别为辉瑞（22.5 万美元）、默沙东（12.1 万美元）、安进（11.5 万美元）。

在中国制药企业中，鲁南制药的人效并不算高。与上述国际同行对比，鲁南制药的人效更是偏低的。

对于大中型企业来说，敏捷和效率是巨大挑战：人均效能排名前五的企业（吉利德、百时美施贵宝、辉瑞、艾伯维、安进），员工人数都不到 8 万人；人均效能排名后五的企业（诺华、赛诺菲、雅培、葛兰素史克、美敦力），员工人数都在 10 万人左右。

2022 年，大健康行业进入了战略调整阶段。据不完全统计，2022 年至今，全球有超过 70 家药械企业进行架构调整和裁减。为了提升人均效能，处于后五位的诺华、赛诺菲也通过一系列战略调整，包括拆分、合并、减员等，聚焦高效。

诺华宣布预计全球裁员约 8000 人，以节省 10 亿美元，主要源自 2022 年 4 月开始的重大架构调整。8 月，其首先从瑞士总部开始裁员，预计涉及 1400 个岗位，超过一半为管理人员。

赛诺菲此前收购 Kadmon 的交易完成，资源整合后一些业务将永久关闭；裁员从 2022 年 7 月 1 日开始，到 2023 年 4 月 1 日结束。在 2022 第一季度投资者会议上，赛诺菲 CFO 表示，2022 年裁员约 6000 人，计划将员工降至 90000 人以下。

当前，全球同行都在裁员以提升人效比，我们鲁南制药也要高度重视人效问题，只有对比全球最佳，我们才能正确评价我们的价值创造能力到底如何。

价值分配要向价值创造者倾斜

我们创造的经济价值至少有两种：一种是直接的经济价值，比如销售额；另一种是间接的价值，比如研发的重大突破、管理效率的提升、生产流程的改进等。还有更多，如给公司带来的品牌价值的提升等，也都是创造的价值。

在价值分配中，我们必须保证让拉车的比坐车的人拿得多，同时还要区分时间段，拉车人在拉车的时候比不拉车的时候要拿得多。比如中国远洋公司，船员上岗津贴税后 5 万多元，从船上下来待岗休息时的基本工资只有 1800 元。

《华为基本法》第六十九条明确规定，工资分配实行基于能力主义的职能工资制。

工资制度必须与华为公司的价值创造、价值评价和价值分配理念相契合。在价值创造方面，华为公司认为，在多种价值创造因素创造了公司的全部价值的基础上，更重视知识和高智力劳动、技术和企业家管理及风险累积在价值创造中的作用，并要求通过一定的分配制度给予其合理的回报。在价值分配方面，华为有一套完整的价值分配体系，并以制度的方式予以规范且实现较高透明度，做到公正与公平，达到充分的合理性。

《华为基本法》第十九条规定，效率优先，兼顾公平，可持续发展，是华为公司价值分配的基本原则。

华为公司实行的为责任付薪主要是依据每个人所任职的工作岗位，工作岗位本身就代表了岗位的责任大小。为能力付薪主要是依据每个人能力大小所带来的同岗不同酬的基本薪酬核定。为贡献付薪主要是依据每个人所做出的价值大小，通常是指分配的奖金。为工作状态付薪主要是指依据每个人在所在公司、所在组织、所在团队，以不给组织和其他成员在管理效率提升上制造障碍以及能够自主发挥岗位职责所需要的自驱力为基本前提。

分配价值中有一部分是激励措施，激励是想以更小的成本得到更大的收益，并不是单纯地为了激励而激励。周期固定、内容固定的激励产生的效果有限，而且容易变成一部分人“固定额外工资”的形式，对其他人员没有激励意义。设计激励活动的本质应该是通过创造事件、营造良好的环境和氛围去锻炼或发现优秀的人才或苗子。所以激励最关键的不是谁获奖，也不是业绩短时间内提升了多少，而是哪些人、哪些团队在这个活动过程里做了哪些优秀的事让他们变得优秀从而获奖。做这些优秀的事的过程，才是最有价值的。

为了调动大家的积极性，对于新创造价值的分配方式，鲁南制药一直在讨论如何更多地向价值创造者倾斜，向创造主体倾斜，向员工倾斜，怎么更加合理地分配。

既然创造了价值就要分享价值，这没有问题。在这一点上，我们必须明确：容易替代的岗位，价值分配额度不会太高。

华为实行定岗、定员、定责、定酬的原则，每个岗位的工资标准与这一岗位的劳动可替代性直接相关，工作创造性越强，工资就会越高。

华为崇尚知识、尊重人才，报酬向知识持有者倾斜。其中，开发人员排在第一位，市场部门人员次之，行政后勤人员再后，平均报酬水平比例为：开发 / 市场 / 行政 =10/8/2。

任正非提醒华为人：

每个人都要认真思考自己的劳动是不是容易替代的，容易替代的岗位永远不能拿高工资。

任正非在华为建立了一种动态的分配机制，包括资本拥有者在内，其既得利益也不是一成不变的，唯有不断努力才能保持和扩大既得利益，这种体制有效地克服了一切惰性。华为在报酬与待遇上，坚定不移向优秀员工倾斜。

实际工作的开展、价值分配一定要在组织内部拉开差距，拉不开差距或吃大锅饭的现象都是价值分配不公的典型症状。同时，通过价值大小所获得的分配大小如果产生逆向的性状，也说明公正性并未真正体现。

就鲁南制药而言，提高收入就是多拿工资多拿钱，可以从三个维度上实现：

第一，少干活多拿钱。比方说，以前我干活拿 10 元钱，现在干同样的活拿 20 元钱。这样的点子大家想过没有？我们业务上已经做了，价值重塑就是干这样的活。在当下咱能把什么样的产品卖出最高的价，这就是少干活多拿钱，这样的点子最好。要发挥创新能力，没有创新的思维和创新的办法，很难做到少干活多拿钱。

第二，干同样的活能多拿钱。这里面暗含了劳动效率的问题。干同样的活能不能多拿钱？提高效率就是干同样的活多拿钱。这不是 1 和 1 的关系，可能是 0.8 和 1.2 的关系，它相当于增加了 50% 工资。

第三，多干活多拿钱。这是当下我们大部分人做的，是最容易做到的，每一个人都可以做到。每一个人都能通过多劳多得实现工资增长，问题在于你愿不愿意干。就是原先 5 个人的活，你现在愿不愿意 3 个人干拿 4 个人的工资？这是最容易干的，谁都能干谁都能做。

价值驱动之下，我们的所有行为要从对领导负责转到对客户负责，做到客户价值为先。这是真正的以客户为中心，是研发以客户的真实需求为导向，这是客户关系稳固的一个最重要的基础。

这里有两个意思：其一，鲁南制药自己的研发，不单纯追求技术的先进性，而是要符合用户的需求，给用户提供价值。首先是满足客户的直接需求，比如治病；其次要给客户带去更多附加价值，比如我们的产品能否做到副作用最小甚至没有副作用，见效最快，使用更加便利，客户的疑问是否可以及时得到解答等。其二，我们是否可以更进一步通过大数据预测用户的需求，从治已病，到治未病？

为此，鲁南制药要从“以产品为中心”向“以最终用户体验为中心”转型，以用户为中心的管理实践，更要重点关注最终用户的情感体验。我们的价值分配也要按照这种逻辑进行。

鲁南制药认为，管理服务产业链上各环节会越来越清楚地意识到相互之间必须更加紧密地合作，就共同的未来开展更加开放灵活的行动，从而获得更大的发展。鲁南制药通过技术、能力、经验、创新的完美融合，迎接管理服务领域的挑战，不仅使自己受益，也使产业链各方受益，从而构建起可持续发展的管理服务生态系统。

价值分配不能导向福利制

华为主张实行自由雇佣制（《华为基本法》第五十六条），而且工龄、年龄等个人自然因素在华为公司的价值创造源泉中没有得到承认。

同时，华为公司也反对官本位，主张能上能下，“把最重要的职务交给最有责任心和最有才能的人”，“把职务看成一种责任”，“把工作作为工作的报酬”，这使得华为不可能选择以职务价值为核心的职务工资制度。

2001 年前，华为员工收入中，工资、奖金的收入基本相当，综合收入水平在国内民营企业中可谓“高高在上”。即使是一些 2001 年以后进入公司的华为人抱怨，在华为的收入不如以往多了的时候，一般从事技术开发的本科毕业员工的起薪也不会低于 5000 元，大部分员工税后年薪可以拿到 10 万元左右，在国内企业，尤其是民营企业中该收入水平仍旧具有很强的吸引力。

但是，给员工提供了良好福利待遇的华为绝非一个福利场所。

在以科学、恰当的薪酬制度保持华为人工作动力的同时，任正非坚决避免使华为成为一个“养老”的机构，以使华为永远保持发展的活力。

华为支持希望工程、提供寒门学子基金，还支持“烛光计划”，即使其花费巨大。有华为员工提出，为什么公司不建华为大厦让大家免费居住，让员工免费在公司食堂吃饭？任正非对此坚决反对，他认为，华为不能把员工培养成贪得无厌的群众。不管华为经济上能否实现，这都反映了员工的太平意识，这种太平意识必须长期受到打击，否则公司就会迈向没落。华为的自动降薪就是用演习的方式进行打击。

任正非指出：

我们公司的薪酬制度不能导向福利制度。如果公司的钱多，应捐献给社会。公司的薪酬要使公司员工在退休之前必须依靠奋斗和努力才能得到。如果员工不努力，不奋斗，不管他们多有才能，也只能请他们离开公司。

福利制度的核心将身份和资历作为利益分配的主要依据，而不是以员工的贡献大小为依据。国有企业是典型的福利制度分配体系，只要是国有企业“在编”人员，无论贡献如何，工资待遇都比临时聘用的员工高很多，甚至在员工退休以后，公司还要承担员工的各种费用。

任正非显然是在有意防止华为生“国有企业病”，害怕华为人将公司当成一个安乐窝，只顾享受，裹足不前，导致华为失去活力和激情。

华为以贡献、能力、职位、劳动态度和发展潜力对员工进行综合评价，排除了资历参与分配的权利。老员工如果跟不上公司的发展步伐，即使过去贡献很大，其收入也会降低。如果新员工具备公司需要的知识和技能，对公司的持续发展具有重大贡献，那他在公司的收入就会增长很快。

鲁南制药脱胎于集体背景、国有背景的机构，我们也强调“家文化”，倡导只要跟得上公司的发展，就可以在鲁南制药永久地工作下去。为了方便员工的工作和生活，鲁南制药也开办了自己的幼儿园，还建设有住宅楼，给员工提供了很多福利待遇。但是，鲁南制药也不能导向福利机构，我们在一定程度上承认工龄、年龄等个人自然因素在公司价值创造中的作用，但不能将工龄、年龄等作为超越价值创造这个结果的最重要的因素。

价值分配的韦伯—费希纳定律

在价值分配的具体应用上，我们要用到韦伯—费希纳定律。

德国生理学家和心理学家 E.H. 韦伯主要研究人体生理学问题，包括循环系统、耳、眼、肝脏，特别是进行皮肤刺激有关的研究。1834 年，E.H. 韦伯用拉丁文写了《触觉论》，详细披露了皮肤的压觉、触觉、温觉、冷觉、位置觉以及肌觉、痛觉、关节觉等。在上面的论文中，E.H. 韦伯提出了著名的韦伯定律。

韦伯定律是表明心理量和物理量之间关系的定律，即感觉的差别阈限随原来刺激量的变化而变化，而且表现为一定的规律性。韦伯定律的公式为

$$K=\Delta I/I。$$

其中：I 为强度；Δ 为强度刺激增加量；ΔI 为差别阈限；K 为小于 1 的常数，称为韦伯比例。

韦伯是发现感觉对于外在刺激物是有相互依存性的第一人，心理物理学便是由此建立的。

德国物理学家费希纳（1801—1887）在韦伯研究的基础上，于1860年提出了一个假定：把最小可觉差（连续的差别阈限）作为感觉量的单位，即每增加一个差别阈限，心理量增加一个单位，这样可推导出如下公式：

$$S = K\lg I + C$$

其中，S 为感觉量，K 为常数，I 为物理量，C 为积分常数。

费希纳认为每一个最小可觉差可以看作感觉上的一个最小变化，并假设每个最小可觉差的主观量都是相等的。例如，举重的韦伯比例为 0.03，那么任何重量，无论是一支牙签还是一包水泥，只要增减原来重量的 0.03 倍，其重量差别的主观量便是相等的。费希纳提出了一个计算阈上感觉量的方法，那就是从绝对阈限往上数最小可觉差。如果某一刺激和绝对阈限相距 10 个最小可觉差，这个刺激强度所引起的感觉量就是 10 个单位。其含义是感觉量与物理量的对数值成正比，也就是说，感觉量的增加落后于物理量的增加，物理量呈几何级数增长，心理量成算术级数增长。

上述经验公式被称为韦伯—费希纳定律。

韦伯法则

在比较两个物体时，我们不关注它们的绝对差距，而是关注它们之间的差距与它们本身大小的比率。如图 3.4 所示。

- □ 1×15% Step 只是可以观察到的差距
- □ 2×15% Step 不同的
- □ 3×15% Step 明显不同的

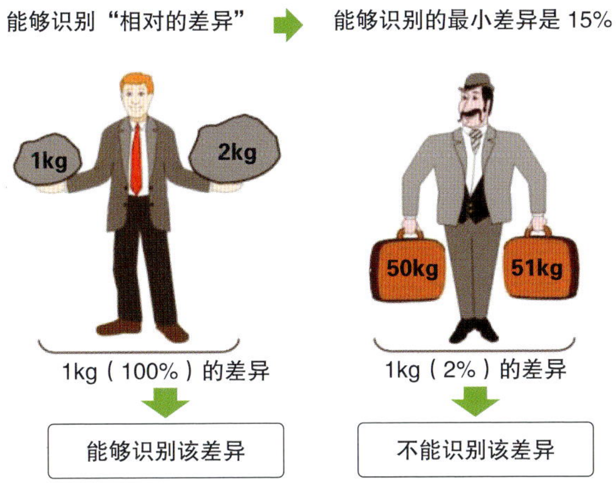

图 3.4　韦伯法则

韦伯—费希纳定律对企业如何进行价值分配具有很强的理论指导意义。

这告诉我们，在价值分配中，不同人群之间的收入差异在某个范围内的时候，会起到刺激人群、激发工作积极性的作用；反之，收入差距作用不大，或将起到反向作用。由此，价值分配要与岗位高度匹配。

组织绩效评价误区

评价指标体系忽视非财务指标

在价值评价过程中，企业如果过于重视财务指标，而忽视非财务指标，就容易使企业的正常经营受到干扰，甚至产生负面的效果。

为什么呢？因为企业财务指标的实现，在很大程度上取决于非财务指标的支撑。过于重视当下的财务指标，必然会出现一些杀鸡取卵、急功近利的行为，因为当下的财务指标和员工的激励息息相关，员工只看得到当下的利益，而看不到长远的利益，就算能够看到，但当下的考核逼迫员工不得不去重视当下的利益。长此以往，就会将企业的潜力榨干，不利于核心竞争力的培育。

评价指标体系忽视组织协同

该误区与企业高管层或者老板确定公司的战略或当年的经营目标有关。老板一拍脑袋，说我们今年要做 5 个亿，下面的人说好的，然后各部门根据部门职责分解，就确定了部门当年度考核指标，但确定的基本上是每个部门自己的考核指标，忽略了部门间的协同。

现在越来越多的工作，是基于分工和协作的深化和细化来展开的，所以单靠一个部门，已经无法完成很多关键项目或关键任务，因此要把各部门的协同纳入考核范围，这样才更加有利于聚焦公司战略目标，从而能够落地实现。

评价指标体系没有上下拉通

指标的上下拉通，更多取决于高管带领中层干部或者部门负责人层级进行战略解码，明确公司战略目标后的既定措施，需要什么资源，哪些人来承接能够更好地推动战略落地，只有上下形成共识，才会有更好的协同，将指标上下拉通，使每个指标都找到承接人，都有责任人，这样再去打仗的时候，就能够保证企业在商业竞争中立于有利之地。

一般来说，与决策层充分沟通交流是有效组织绩效评价的前提。

如果没有决策层的支持和站台，组织绩效部门做出的所有努力通常会以失败告终。

要想做好组织绩效评价，首先要想办法与决策层充分沟通交流。在绩效目标设定环节，要充分理解决策层的战略意图和管理导向，围绕目标设置有效体现决策层意图去做第三方审核，同时要把审核意见与决策层充分汇报确认。

过程监控环节，要尽可能多地收集决策者在各种管理会议中对各部门、各业务的要求、评价内容，做好小账本，这样在年底给出评价意见时才能手中有粮，心中不慌。年底评价时，在做好必要的分析评价，出具评价修正建议后，要尽快与决策层沟通，尽可能逐条确认，一旦决策层认可并背书，再说服其他部门，就不再难如登天了。说句不好听的，组织绩效部门只需要说服决策层，对于其他部门，告知就好了。

建立归口部门评价机制，把朋友变得多多的，敌人变得少少的。

组织绩效管理中心，信息不对称、专业不对称是客观现实，组织绩效部门不可能变得比业务部门更专业。虽然我们不专业，但是有人是专业的，所以需要借力打力。

要知道，组织绩效部门在为如何高目标牵引、如何有效评价发愁的同时，还有很多职能部门在为如何推动政策落地而苦恼，而组织绩效恰恰就是他们最有用的管理抓手。

因此，在组织绩效管理中，建立归口管理部门机制可以有效解决这个问题，实现归口部门与组织绩效部门的合作共赢。

组织绩效评价

在做价值评价的时候，首要的就是组织绩效，那么，什么是组织绩效呢？简单来说，组织绩效就是某一时期内，对组织基于自身定位和职责承接的公司或上级目标完成结果的情况，这个结果主要以 KPI 的形式表现出来。

组织绩效的目标主要有 3 个，分别是支撑战略达成、促进组织协同和衡量组织贡献。

第一个目标：支撑战略达成。也就是把老板和管理层设定的年度战略目标通过组织绩效管理变成每个部门的小目标，让管理者的责任和压力变成每个部门的责任和压力。

用任正非的话说，如果战略分解完了，有的部门感觉压力不大，这个部门就没有必要存在了，因为他对公司的战略和目标没有贡献。所以，可以把各个部门的组织绩效拿出来，放在一起看看能否看出战略，如果能看出来就做得很好。大家经常出现的问题就是组织绩效中没有战略目标，既体现不出来公司战略诉求的目标，也没有长期目标。

第二个目标：促进组织协同。牵引所有部门利出一孔，围绕公司战略。通常在交流组织绩效的时候，经常会有人问有没有一个指标来很好地解决部门之间的协同。但这是一个悖论——这样的目标类似开一个如何减少会议的会议。做好组织绩效，一定要从组织定位、组织职责出发去解决组织协同的问题。比如大多数公司会出现的问题，研发对于市场越来越不灵敏，做着做着就成了职能部门，产品竞争力下降或者产品力跟不上，为什么？这里面就涉及组织定位和组织绩效的问题。

在华为，产品线是经营组织，每个产品线都有独立收入利润核算，产品线组织绩效目标中经营类的目标跟销售部门一样，也就是说，订货、收入、利润的目标基本上占到了40%~50%。如果某个产品在某个时期要进入某个区域，而战略目标相同的话，则各个产品线之间是严格互锁的。即产品线有这个目标，区域也有这个目标。在这种考核机制下，华为的产品线在老产品上是支撑区域作战，在新产品上是带领区域作战，真正做到利出一孔。比如，可以问问自己公司的研发人员一年有多少次出差，出差都在干什么。问清楚他们出差的情况，基本上能够反映出组织绩效是否能够有效牵引产品线和市场一起作战。

第三个目标：衡量组织贡献。很多公司的组织绩效能够衡量出组织贡献，但是不能用，为什么呢？因为前面设计的指标和目标设置环节做得不扎实，或者就是“一刀切”地应用。最典型的就是把组织绩效换成系数，影响组织中每个人的奖金。比如组织 A 的绩效系数为 1.5，组织 B 的绩效系数为 1.2，那么这就相差 0.3，好像应用了也不明显，对于绩效好的部门，正向激励不够；对于绩效不好的部门，负向激励也不够。

华为是怎么做的呢？

华为的组织绩效主要影响主管的个人绩效，而主管的个人绩效影响主管个人的晋升和激励。干得不好的干部下岗，干得好的干部晋升。有的企业可能会说，干部我们也想换，但是没有梯队。如果是做了 5 年的企业，这是可以理解的，但如果做了十年二十年还是没有干部梯队，那就非常有必要思考一下，公司的干部梯队建设出了什么问题。华为发展初期每年新员工是翻番进入的，第一年一千人，第二年就是两千人，进入华为半年的员工就是老员工。在 1997 年，华为成立 10 年的时候，华为员工几千人，华为市场部辞职后重新竞聘，20% 到 30% 的干部没有竞聘上岗。

那时华为成立才10年，组织绩效影响干部，那会不会影响员工呢？在华为，组织绩效是不影响员工的，华为的理念是作为员工个人，你只要把个人工作做好了，一定会得到好的评价和激励。这个部门就算没有钱，也会借钱给这个员工发奖金。既然这样，员工为什么要去关注组织绩效呢？一方面，在个人绩效目标中，每个人的绩效目标对组织绩效目标是有支撑的；另一方面，华为在管理上是管理到组织，评价人和激励人的权力是交给各级干部的。

总结起来就是，华为是把组织的东西包括考核奖金、工资等都算得非常清楚的，个人的事情是交给组织的，公司没有统一的方案和规则。这和大部分公司不一样，大部分公司是把个人的奖金、工资等算得清清楚楚，但是到组织的东西就是没有或者模糊的。所以各级主管就缺乏责任和压力，并且主管会跟员工一起说是公司的考核机制和奖金机制出了问题，因为都是公司给到他们直接涉及个人的考核方案和激励方案。

干部的考核评价与激励

干部管理除明确干部所要承担的责任和任职资格以外，当干部带领团队打胜仗以后，后续的评价与激励也要跟上。

管理干部是企业的中坚力量，管理干部素质的好与差将直接影响企业经营发展战略的制定与执行。对管理干部进行科学评价，有利于企业正确认识并有效提升管理干部的能力与水平，从而有利于企业长期良性、健康地经营与发展。

如何评价管理干部一直是令企业感到头疼的问题。例如，如果评价管理干部仅看业绩指标，那么一些难度较大的管理岗位由于工作任务复杂度高，业绩考核往往不太理想；然而一些职能部门管理者，由于工作内容较为标准，难度较小，业绩考核成绩往往比较高。所以遵循单一评价目标，依靠单一评价指标对不同作用的管理岗位进行评价显然不太合适。

要对管理干部进行科学、全面的评价，必须因岗制宜，由于不同管理干部岗位设置的目的不同，HR 对其评价目的也应相应变化。

此外，对管理干部进行科学、全面的评价还需要合理指标体系的支持，企业对管理干部的评价目的不同，其具体的评价指标也不同，应根据评价目的细化评价指标。

通常来说，企业对干部有以下三种评价目的：

第一以奖金发放为目的，即企业进行人员评估的目的是给多劳人员发放更多奖金。此时的评价指标应以业绩为导向，进行多劳多得的评估。不同岗位应有其相应的价值所在，作为管理干部，主要的评价指标应为业绩与责任，其中业绩可主要以工作团队整体的业绩提升为指标，而责任可以通过组织管理、技术更新、正向文化传递及业绩增量等衡量。企业这种以发放更多奖金为目的的评价可以更好地鼓励优秀团队的出现。

第二以是否胜任岗位为目的的评价。以是否胜任岗位为目的的评价又称任职评价，主要是对岗位所需技能与人才所有能力匹配程度的评价。企业在进行任职评价时应将对岗位所需素质与人才具备素质两者的评估有机结合起来，更好地做到人岗匹配。例如，某岗位需要较强的沟通能力，而在职人员组织协调能力更加突出，则该人员可能不胜任该岗位，但这并不能说明人员能力不够，只是岗位与人员不匹配。此时就不能单纯依赖业绩进行评价，而应以是否胜任岗位为目的建立评价指标进行人岗匹配程度评价。企业这种以是否胜任岗位为目的的评价不仅能够帮助企业找到合适的人员来完成经营目标，也有利于内部人员素质的发展和培养。

第三以发现人才、持久培养后备人才为目的的评价。企业为自身能够更持久地发展，希望人才能够一专多能，努力发掘并且培养后备人才，这种目的的评价应该注重对评价对象潜在素质的评估。例如，业务类人员应具备大局意识、市场拓展意识等潜在素质；保洁员应具备爱干净等素质；优秀管理干部突出的潜在特质应该是主动性，即进取心。企业这种以发现人才、持久培养后备人才为目的的评价能够激发企业人才的创造精神，形成后备人才资源，为实现企业的战略目标提供坚实的人才保障。

学习华为干部考核与激励

任正非说："我们要坚持责任结果导向的考核机制，各级干部要实行任期制、目标责任制，述职报告通不过的，有一部分干部要免职、降职。要实行各级负责干部问责制。考核是考不走优秀员工的。”

《华为基本法》也专门花了两条介绍华为对考核与评价的论述：

建立客观公正的价值评价体系是华为人力资源管理的长期任务。员工和干部的考评，是按照明确的目标和要求，对每个员工和干部的绩效、工作态度和工作能力的一种例行性的考核与评价。工作绩效的评价侧重在绩效的改进上，宜细不宜粗；工作态度和工作能力的考评侧重在长期表现上，宜粗不宜细。考核结果要建立记录，考评要素要随公司不同时期的成长要求应有所侧重。

短短几句话，对考核和评价的概括说得非常具体，高度凝练，也为企业如何考评干部提供了非常具体的思路和框架。企业管理干部影响着企业重大经营决策的实现，甚至影响着企业的成败。目前，中、高层管理干部跳槽已经不是什么新鲜事，对企业满意度较低是管理干部跳槽的主要原因。对于企业而言，如何针对管理干部制定科学的考核与激励制度，是企业人力资源部门必须面对的现实和急需解决的难题。

那么，华为是怎样解决这个难题的呢？

早在 1996 年通信市场爆发大战前夕，华为市场体系 30% 的员工就下岗了。其中有曾经立下汗马功劳，又变为落后者的员工。

华为人认识到："在市场一线的人，不允许有思想上、技术上的沉淀。必须让最明白、最有能力的人来承担最大的责任。"从此，华为形成了干部没有任期的说法。

华为坚持责任结果导向，强调每一个干部从上到下都必须明确责任和目标，以提高客户满意度为目的，建立起以责任结果为导向的价值评价体系，不再以能力为导向。同时，华为很明确地指出，企业就是功利性组织，必须拿出让客户满意的产品，因此公司的价值评价体系必须建立在责任结果导向的基础上，而且建立了以责任结果为导向的干部考核机制。

我们坚持责任结果导向的考评制度，对达不到任职目标的，要实行降职、免职，以及辞退的处分。市场的竞争会更加激烈，公司不可能是常胜将军，我们无力袒护臃肿的机构，以及不称职的干部。我们必须以责任制来淘汰、选拔干部。完成任务好的部门，出成绩也要出干部。公司决定，对完不成任务的部门，一把手要降职、免职处分，同时绝不能在本部门将副职补充提成正职，不然以后就会出现正、副职的不合作。

——华为公司《持续提高人均效益，建设高绩效企业文化》（2004）

华为总裁任正非强调，考核要注重过程，不要成为评奖金的指标，如果一个东西承载的内容过多，人都会变成小人了。我做出了成绩，还要考我这，考我那，扣来扣去，钱都扣没了，谁还会为公司创造价值呢？考核指标 KPI 项不能太多，如果你的工作绩效很出色，工作时间喝咖啡为什么不可以呢？

随着公司的发展，华为的干部考核制度也在持续改进，绩效考核要求自己和自己比。自 2008 年开始，各部门开始实行自己跟自己比的考核制度，也就是说，原则上进步幅度低于公司平均线的，要对正职干部进行问责，其中包括降职、降级、降薪等处罚措施，从机制上牵引干部主动关心人均效益，防止不计成本地占有资源。

同时，华为还采取了正向考核与逆向考事相结合的办法，推行以正向考核为主，抓住关键事逆向考事。这里的事，就是事情的事。也就是说，对每件错误的事，要逆向去查，找出问题的根本所在，然后改进它。华为通过正向考核和关键事逆向考事的办法培养和发现优秀干部，特别是从成功的过程中发现和培养各级领导干部，避免了绩效考核中形而上学的工作方式。

目前，我国许多企业也采用绩效考核的方式管理员工，但多数企业绩效考核结果是保密的，只有少数人知道。这种方式即便领导者做到了公正与公平，带给员工的感觉也是不公平，觉得考核不过是个形式，一切还是领导说了算。华为始终贯彻绩效考核结果公开的制度，用华为总裁任正非的话说，“考核公开让你作弊都难，你作弊，老百姓就会来拱你。考核公开后，激励也就简单了，谁创造的绩效多，谁就涨工资，不该涨的就不涨，这样大家就有了正确的导向，就会拼命向前冲”。

当然，企业对干部考核光有处罚是不行的，待遇和激励政策必须跟上。很多企业有这样的弊病——考核制度很完善，处罚做得很到位，但是干好了，奖励却迟迟没有。对于这样的企业，员工流失也就不新鲜，或者说，企业还能活着已经是个奇迹。华为干部队伍强悍的战斗力，大部分原因来自华为的不吝啬，不仅在金钱方面，也包括职务分配、晋升机会等方面。

华为强调，在职务上、待遇上和提升的机会上向前方倾斜，业绩好的团队，不仅会获得奖金、股权的激励，也会是干部选拔的首选之地。华为视组织权力为一种可以分配的价值，而且将其视为比利益更重要的一种分配价值，利益分配、权利和权力分配之间关系需对等。

我们鲁南制药也在学习华为的上述价值评价和分配原则。

价值分配机制与岗位特点匹配

研发人员的激励

对于一个高科技企业，研发的重要性不言而喻，其既是这类企业的立身资本，也是一个企业的核心竞争力。研发能力的强弱决定了企业能否长期经营，因此，研发人员的激励对于企业而言至关重要。

研发人员的薪酬激励是一道难题，主要具有以下四大难点：

难点一：项目成果具有滞后性的特点。有些研发项目在研发结束后，不会立刻产生效益，如何确保项目成员在项目期间具有较强的责任心？在短期看不到成果的情况下，如何激励研发人员继续做好本职工作？

难点二：多项目并行。有时并非一个项目结束再开始第二个项目，可能几个项目并行，项目团队成员可能隶属不同的项目，时间如何分配？各个项目之间如何协调？能力强的人如何更好激励？

难点三：项目成果指标难以衡定。有些项目成果可以改进优化，有些是为了占领技术高地很难商业化，有些经过几年时间仍在试错阶段。如何激励他们在看不到成果的情况下继续投入？

难点四：项目难以管控。时间周期、投入资源、成本管理、参与角色等都比较难以把控。

基于过往的研发人员激励经验，设计研发激励方案要结合企业研发人员激励特点，制定研发人员薪酬激励需要考虑以下几个方面：

定项目级别

不同类型的研发项目，对企业重要性不同，科研成果不同，衡量其效益和价值的周期和方法也不同。因此，在设计研发人员薪酬激励情况时，首先要判定其项目分类。例如，可以根据研发的目的将项目类型分为基础开发、新产品开发、技术改进三类。

基础开发类项目不同于一般的新产品开发项目，它所瞄准的通常是不确定或者比较遥远的市场。由于难以预料究竟什么样的产品或技术会在将来的市场竞争中胜出，公司需要根据自己的情况和对未来市场的基本预测，早早地开始新技术或产品预研。这类研发具有高投入、高风险、高收益但周期较长的特点，对研发人员的未来发展趋势洞察、科研水平、工作自主性均有较高要求。

而新产品开发类项目和技术改进类项目相对而言风险较低，未来收益周期较短，可预见性更强。基于以上特点，确定研发人员所处的项目类型是进行奖金总包切分、人员分工和兑现方式的前提。

定激励对象

为体现多劳多得和内部公平，避免“大锅饭”现象，应根据岗位工作性质和在项目中实际承担工作情况对研发人员进行分类，对不同分类的人员采用差别化的激励办法，重点激励在研发项目过程中起核心作用、对研发项目做出主要贡献的人员，同时兼顾其他为研发项目做出贡献的人员。

例如，鲁南制药将研发人员分为以下五类，并将研发管理类人员、项目管理类人员、产品技术类人员作为重点激励对象，同时将制造技术类、研发支持类研发人员列入薪酬激励范围。

（1）研发管理类：从事研发管理的人员，主要指研发部门部长 / 副部长（或实际履行部长、副部长职责的人员）。

（2）项目管理类：全面负责项目各项工作的人员，指研发部门的项目经理。

（3）产品技术类：直接从事产品开发、材料及工艺研究的岗位，主要包括研发部门产品工程师、工艺工程师、试验验证工程师、材料工程师。

（4）制造技术类：直接为产品研发和技术研究提供支持的岗位，主要包括研发部门装配技术、试制技术、制造技术。

（5）研发支持类：不直接参与产品研发和技术研究工作、为产品研发和技术研究提供辅助支持的人员，如采购、销售。

定薪酬水平和薪酬结构

在明确研发人员分类后，通过各岗位层级的研发人员薪酬水平市场对标来确定研发人员的薪酬水平定位。其中，需要重点把握两个方面：一是确定合理的对标企业。从经验上看，对标样本的筛选需要按照“四同”原则确定，即同行业、同性质、同区域、同规模，在确定对标样本的时候也要综合考虑企业自身研发人员的流向。二是明确研发人员的薪酬策略，从而确定薪酬水平定位。一般来讲，企业薪酬策略包括四种，分别是领先型、跟随型、混合型和滞后型。企业应当结合自身发展战略以及支付能力来确定合理的薪酬策略，对于多数企业来讲，混合型薪酬策略是不错的选择，即研发核心骨干岗位或者专业领军人才等采用领先型策略，其他岗位采用跟随型策略，这样既可以吸引并留住核心人才，又有利于合理控制人工成本。

确定薪酬结构就是确定固浮比和薪酬项目。目前，企业研发人员薪酬结构中一般包含基本工资、技术职务工资、绩效工资、福利津贴、研发项目奖、研发市场奖金 / 项目收益分红、股权激励等中长期激励手段。应当根据公司的实际情况和对研发人员薪酬激励的政策导向确定不同的薪酬结构。

这里需要重点关注研发人员的项目奖和研发人员的市场奖两个模块。研发人员的工作内容是以研发项目为载体，因此研发人员的项目奖金成为激励的重点。同时，研发人员的市场奖是引导研发人员关注其研发产品投放市场以后的表现的激励设计，国家针对该领域也有国有科技型企业研发人员的项目收益分红等激励政策的支持，因此研发人员的市场奖也是研发人员激励的重点。最后，研发人员作为公司业务链的重点，越来越多的企业开始关注对研发人员的股权激励等措施，包括股权奖励和股票期权等，从而真正地解决对于研发人员的保留和长效激励的问题。

在确定薪酬组成的同时，参考行业对标结果以及公司薪酬激励导向差异化，确定不同级别和类型研发人员的薪酬构成比例。原则上，对公司研发项目起重要作用的岗位应确定更高比例的项目奖金，对研发项目影响作用较低的辅助性岗位可以适当降低项目奖金比例，提高基本工资比例和绩效工资比例。

项目考核的四个关键点

（1）进度：项目的进度决定了项目能否如期上市。而产品上市时间的早晚对于企业而言起着不可估量的作用。你比竞争对手早一个月推出新品，就能比竞争对手早一个月抢先占领市场。项目进度的管理考核项目经理的能力，对项目进度管理不力，很可能导致项目延期，新品未能如期推出，从而使得企业的产品失去了抢占市场的大好时机。

（2）成本：企业都是需要盈利的，如果一个项目的成本大大超出了占预期收益的比例，就会降低企业的盈利水平。

（3）质量：如果研发出来的产品因为设计缺陷一直出现质量问题，客户一直退货，那这样的产品能卖得出去吗？因此在项目制考核方面对质量的关注必不可少。

（4）功能：研发产品的功能直接决定了产品在市场上的受欢迎程度。因此产品预期的功能在研发中能否全部实现至关重要。

定项目奖金

（1）研发项目奖。

研发项目奖的重点是采用目标奖金制的方式，对研发项目进行合理的激励。其步骤是首先明确研发项目奖金的总额度计提模式，其次按照研发项目的分类分级和价值评估结果核定各项目的奖金额度。

例如，某企业研发部门项目奖金总额的确定方式（首次开展研发人员激励）：

项目奖金总额预算 = 研发人员标准项目奖金总额 ×n（其中 $n \leqslant 2$，根据单位经营效益和薪酬管理实际设定，经本单位总经理办公会审核通过，报集团备案后执行）。

在确定了首年的研发部门薪酬总额后，在后续年的薪酬总额确定时应当将研发部门的薪酬总额增长与研发任务增量相结合。

例如，某国有企业研发部门后续年度预算工资总额与项目奖金总额预算的确定：

研发部门预算工资总额 = 上一考核年度工资总额 ×（1+ 研发任务量增幅）+ 公司研发人员调薪总量

项目奖金总额预算 = 研发部门预算工资总额 − 研发人员标准基本工资 − 研发人员标准绩效工资

研发任务量增幅 =（本年度研发项目总积分 / 上年度研发项目总积分 −1）×100%

（2）研发市场奖。

研发市场奖指的是为强化研发的市场导向策略和留住优秀研发人员，采用效益提成的方式设立项目市场奖金，让研发人员参与产品市场利润分享。

研发市场奖的设计前提是对研发项目商品收益的精准核定，重点是根据不同产品类别，设定差异化的市场奖金计提比例，并明确计提时间的限定。一般为产品投放市场后两年以内，同时市场奖金的分配对象需要重点向研发项目的主要负责人倾斜。

定分配机制

研发人员项目奖金分配主要包括具体项目奖金兑现和个人绩效薪酬兑现两部分，以下重点分享研发项目奖的奖金分配模式。

（1）项目奖金兑现。

按照经验，项目奖金兑现可以采用积分制、目标奖金制和工时制等办法（见表 3.2）。

表 3.2　项目奖金分配机制

方案类别	核心思路	适用企业类型
积分制	根据项目技术难度、复杂性、完成阶段评定项目积分，根据总积分和项目开发奖总额确定单个项目开发奖额度	以预研类项目为主，新品开发类项目总量相对稳定的单位
目标奖金制	根据项目技术难度、产品复杂性、开发周期对项目进行评分，根据评分对项目进行分级，明确各等级项目的奖金总额	预研类和新品开发类项目多且数量不稳定的单位
工时制	根据项目主计划核定项目总工时，根据总工时和项目奖金总额度，确定单个项目奖金额度	项目研发周期短，以现有技术基础上适应性改进项目为主的单位

以某公司的积分制项目工资为例：

应发项目奖金 = 产品技术类人员项目奖金总额预算 ÷ 项目总积分 × 单个项目积分 × 项目考核系数

单个项目积分 =（技术难度系数 + 复杂系数）× 阶段系数 × 项目重要系数 × 项目考核系数

（2）个人绩效薪酬 / 项目奖金兑现。

个人绩效薪酬的兑现主要是根据人员类别和对项目贡献确定个人绩效薪酬 / 项目奖金，以及将个人的绩效考核结果应用至个人的绩效工资部分。

某企业对研发人员个人绩效薪酬以及个人项目奖金兑现管理方法见表3.3、表3.4。

表3.3 不同类别研发人员项目奖金基数确定

人员类别	项目经理	研发技术人员	研发支持人员
分配额度	分配金额不低于研发技术人员平均水平的2倍	人均分配额度不高于项目经理分配额度的0.5倍	人均分配额度不高于研发技术人员人均分配额度的0.5倍

个人绩效薪酬兑现：研发人员绩效薪酬＝研发人员绩效薪酬基数×兑现系数

表3.4 兑现系数确定方式

考核分数	考核等级	兑现系数
大于90	优秀	1.2
75~90（不含）	良好	1
60~75（不含）	合格	0.8
小于60	不合格	0

定管理机制

设计分工明确、职责清晰的管理机制是研发人员薪酬激励设计的重要组成部分。在制定管理机制时，应对每个部门的职责和权限进行科学合理的界定，确保公司研发人员薪酬激励体系正常运转。

一般来讲，上级单位的人力资源部负责制定、修订集团研发人员激励指导意见，对分子公司研发人员薪酬激励制度进行备案；上级单位的研发部门负责配合集团人力资源部制定、修订集团研发人员激励指导意见以及对分子公司研发项目立项情况进行备案。

分子公司的人力资源部制定、修订本单位研发人员薪酬激励办法，报集团人力资源部备案，同时负责本单位研发人员工资总额预算，审核项目工资分配方案，审核确定研发人员类别；分子公司的研发部门负责研发项目组织与实施、项目积分评定、项目工资分配方案拟订与报批、研发项目及研发人员的考核评价。

销售人员激励

对于公司营收来说，销售是非常重要的，外界环境变了，我们也要跟着变。我们现在改革的目标就是补齐管理的“短板”，依靠管理整体的高效率，来实现经营的高效益，形成我们的高绩效新文化。

对于一个企业来说，研发可以让企业有好的产品，好的销售需要将产品卖出去，触达客户，正所谓革命只有分工不同，没有谁比谁更加重要。

销售人员的激励方式会随着企业发展阶段的不同而调整，以更加有效地调动销售人员的积极性，更好地完成战略目标。

那么，对于销售人员来说，通常有哪些激励，以及需要匹配什么样的配套机制呢？

从激励手段来讲，对销售人员的激励方式通常有三种，分别是提成制、目标奖金制以及二者的结合，下面就三种激励方式的激励性做一个简单的介绍。

提成制

目前很多企业对销售人员的激励方式采用“销售提成制”，即根据业务员销售额的一定比例计算提成。一般是在销售回款后兑现提成。销售提成，本质上不是工资，而是奖金的一种形式。销售提成制一般是“低底薪 + 高提成”，提成方案的设计一般是“累进提成制”，鼓励员工冲高业绩。

在企业成立的初期，提成制作为企业在机会成长期的快速激励手段，对业绩的推动效果是非常明显的，对销售人员的激励也是非常有效的，但随着企业业务规模的扩张，其优点和缺点也非常明显地显现出来，具体如下：

提成制的优点：

（1）简单、直接、及时地激励销售人员做业绩和回款。

（2）年初定下提成比例，销售人员到年底就可以知道自己能拿多少钱。

（3）不需要过多地进行销售管理，管理成本较低，对销售管理能力要求不高。

（4）做不出业绩的人员，自然会主动离开，减少沟通成本和离职补偿费用。

提成制的缺点（程度可能不同）：

（1）销售人员会把客户当成个人“自留地”，公司容易被员工“绑架”。

（2）分配客户资源时销售人员会“挑肥拣瘦”，运气好的就躺在“功劳簿”上不思进取，运气差的就很难获得与付出相匹配的回报，这会导致人员流失。

（3）销售人员没人愿意主动去“洗盐碱地”（开拓新区域、新市场、新客户）。

（4）销售人员不会关注公司长期发展和产品战略，什么好卖就会卖什么，什么挣钱就卖什么。

（5）提成制下的销售人员一般不会主动分享经验和带教新员工，销售队伍能力提升慢。

（6）销售人员关注个人经济利益甚于个人长期发展，后备干部选拔很困难，不利于公司长期发展。

（7）提成制可能会导致销售团队管理能力的先天性不足。

（8）在TO　B业务需要团队配合打单的情况下，销售人员拿提成，容易引起团队其他成员的不满。

（9）随着企业品牌和知名度的提高，提成比例可能需要每年调整，销售人员可能会觉得不满。

（10）销售人员与其他岗位薪酬结构比例不同，会增加公司内部人员调配的困难。

目标奖金制

很多企业会采用目标奖金制，通过给员工设定目标，基于目标设定奖金。有的企业还设置基础目标，基础目标对应基础奖金包；如果连基础目标都没有达到，就没有奖金；如果超过基础目标一定值，再设超额奖金。为了激励员工超额完成目标，还可以采用上不封顶，下不保底的机制。

目标奖金制的优点是：

（1）奖金支出有上限也有下限，相对可控，可确保公司及股东的相对利益。

（2）结构简单清晰，可预期。

（3）保底封顶，与业绩提成相比，激励性较弱。

目标奖金制主要适用于财务指标较难预测的起步型业务、财务指标为负数的亏损或转型期业务、不直接创收的部门对象。

当然，目标奖金制也有其缺点，主要如下：

（1）目标设置博弈。员工希望目标低一点，老板希望目标高一点，如果在市场环境好的时候，员工可能还容易接受一些，但如果行情变差的时候，老板就算再怎么画饼，员工也不怎么会买账，然后报上来的目标都是比较低的，对手里的客户信息、项目信息等都打折扣，讲各种困难和挑战。结果几次下来，定目标就变成了消耗战和心理战，最终导致公司氛围变差，员工士气也会低落。虽然最后目标会确定，但不一定是企业想要的。员工这么做也没错，毕竟这个目标直接与员工的收入挂钩，员工就会尽可能压低目标。

（2）员工之间拼凑业绩。推行目标奖金制，业绩按照人头算到个人，往往会出现员工之间为了获取高额业绩提成相互拼业绩的情况。比如一家中介公司，每个团队都会有自己的任务。每个团队按照销售业绩设定阶梯目标提成制，完成不同的目标，提成的点数不同。结果发现一个奇怪的现象，每个月算提成的时候都发现，每个团队就几个销售人员业绩特别好，达到最高的业绩提点数，而其他销售人员的业绩几乎可以忽略不计，这里面肯定存在拼业绩现象，其他销售人员把业绩主动拼到业绩比较好的销售人员头上，这样可以共同争取到公司最高的业绩提成比例。

提成制与目标奖金制相结合

该激励方式多适用于集团企业。集团企业通常有多个业务板块，但业务的成熟度往往不一样，有的业务可能处于刚起步的阶段，有的业务处于成熟期的阶段，有的业务处于衰退期的阶段，企业的人力部门要根据企业不同业务的现状进行选择，起到既能激励员工，也能完成公司经营目标的激励方式。

当然，无论是提成制还是目标奖金制，大多数企业的销售人员还是有底薪的，毕竟在如今这个消费水平，最起码的生活费还是要有的，不然压力就太大了，无非底薪的多少会随着企业、行业和所在城市的不同有所区别，然后各自组合，就成了企业销售人员的薪酬模式。

配套机制

配套机制完善与否也决定了对销售人员的激励是否有效。因为员工除了金钱方面的需求，还有其他方面的诉求，如事业心、荣誉感等，这些都需要和物质激励结合起来，才能形成员工的多元化激励体系，也才能更好地发挥激励作用。

（1）薪酬体系。薪酬体系在设计时要把握三个原则：简单清晰、按时发放、与创造的价值相匹配。合并成一句话，就是让销售人员明确知道在公司做多少业绩能确定在什么时间拿多少钱。越简单的东西越难。在参与优化薪酬体系的时候，在初版的基础上加入少许考核、少许阶梯制、对回款与回款率的要求、对周期的要求、对不同产品的要求、对合作年限的要求等。

加的任何一项有错吗？没错，但是太过复杂的制度——不能让销售人员清楚地知道我搞定这个客户可以拿多少钱——就是个错误。不同成熟度的公司对制度的设计是需要结合公司实际发展阶段来的，照搬成熟公司的制度，需要看目前有没有适合制度生存的土壤。

（2）晋升体系也叫职级体系。两个作用，一个是晋升，另一个是竞争。

在设计职级体系时，个人认为需要考虑三条线：专业线，即业务端从销售晋升到专家或大客户经理；管理线，即销售人员从业务端晋升到主管、经理、城市负责人、大区负责人等；转岗线，即销售从业务端往职能端平级转岗，或职能端往销售端平级转岗。

在设计晋升通道时，也需要设计转岗制度。这样既能满足绝大部分员工在公司职业生涯的规划，也能通过更进一步的职级体系拉开同级别人员之间的差距。通过资格与待遇之间的区别对待，把矛盾点从上下级转移到同级，营造竞争感。

生产体系的分配

生产是要讲究效率的，设备改造要算经济账，鲁南制药投钱用于设备改进带来的效率提升归公司，员工要收获自己那份努力带来的效率，两者如何进行分配，要客观地评价。

一家企业有了好的研发，产品能否牢牢占据市场份额，产品的质量也是非常重要的。其中生产体系要起到重要作用。生产体系按照管理科学性来说，分为四个方面，分别是生产计划管理、品质管理、工艺管理和经济管理。

鲁南制药的四大管制系统为了全力满足客户的要求，技术归属工管要快、稳、准；品质归属品管要合乎客户使用的规格；交期归属生管要货有货，不要货时零库存；成本归属经管要提供客户高度的竞争力，当然，这里面成本以物料为主。

在一家企业内部，特别是制造型企业，生产体系的组织越来越多地往异地搬迁，去到一些土地和房租相对便宜的地方。比如，深圳的很多制造企业，因为深圳的地价越来越贵，将生产体系的工厂搬迁到东莞、中山等制造企业相对密集，并且有政策优惠的产业园区。这种异地生产也给生产体系的管理带来了一定的难度，比如总部在深圳但生产的管理层在中山或者东莞，就会比较影响沟通效率。

因此，如果想要对生产体系管得好，交付的产品质量过关、时间及时也是非常必要的，那么，就要建立起对生产体系的有效激励体系。生产人员通常由公司的几个部门组成，也就是生产计划管理、工艺管理、物料管理和品质管理。

从生产体系的交付成果来说，交付的东西多数是实际生产出来的产品，也就是有形之物。从生产部门接到公司生产的订单时，对应的计划管理制订相应的生产计划，具体的班组负责安排人员进行排产，生产采购部门负责按照物料清单进行相应采购，品质部门根据从研发拿到的质量标准和装配标准等制定相应的质量管理流程，这就完成了企业价值链在生产体系的运转。当然还有后面的仓储，毕竟生产出来的产品还要经过打包组装，进行入库管理，入库了才能安排发货。

所以说，生产体系的激励，不像其他体系的激励那么简单，涉及的人员和职能比较多，关键是要把握住其关键部分。

其中，主要负责执行的人是技术工人，决定产品质量和不良率的是技术工人的熟练程度。虽然流程相对标准化，但也有很多部分和问题需要技术工人凭借经验解决，毕竟不是所有的问题都能够在前端做研发设计的时候规避。

从收入水平来说，生产体系的人要比公司销售、研发的人普遍低一些，因为前面的部分价值链附加值高一些，生产体系工作相对标准，对于生产过程中的动作是否标准进行考核与激励，是生产体系激励方案设计的重点。

从收入构成来说，生产体系的收入主要为三种：基础工资 + 计时工资、基础工资 + 计件工资、基础工资 + 计时工资 / 计件工资。因为并不是所有的工作都能够相对标准化，因此还有一种上班工时叫作综合工时制，不过该制度要到政府单位进行报备。

除了单位的计时和计件单价可以提升，对于生产体系人员来说，比较有激励性的就是奖项的评选了，比如定期举办的技能比赛、优秀班组评选、优秀技术工人评比等；或以团队为单位为公司节约成本，将成本控制在一定范围内，扣除管理需要的费用，其余可以全部拿来给生产体系发奖金等。

最后一种对生产体系人员有激励性的，就是工作环境。一般来说，工厂的环境设施设备等，不到万不得已，不会轻易更换，有些设备非常老旧。但鲁南制药不是，鲁南制药通过数字化转型，逐步建立起很多现代化的生产车间，采用了更加先进的生产技术和生产设备。

2020 年 5 月 5 日，被列入 2020 年山东省“现代优势产业集群 + 人工智能”试点示范项目的鲁南制药数字中药产业化项目正式投产，在这里，机器人和激光导航 AGV 车自动配料、投料，中药材提取、制剂分装、装箱码垛、发货全流程智能化操作。

同样入选的奥利司他产业化建设项目拥有国内外最先进的自动化、智能化、可视化生产线，90% 的工作实现“一键操作”，极大地提高了生产效率和产品市场竞争力。这个车间有 147 个工人，比原来节省了约 80 个人，一年的用工费用就能节约 800 万元左右，发酵的效率较原来也提升了 12% 左右。

通过生产端的数字化，鲁南制药实现了对产品的全过程质量管控，销售端的数字化则实现了产销协同发展。

要想富，先修路。同样的道理，想发展数字经济，首先就要修一条信息高速公路。早在2018年，我就做出了关于鲁南制药全面信息化的决定，要求云数据中心能支撑起公司未来10万至20万人大规模的发展需要，肩负起承载公司所有应用系统运行与大数据分析的重任。目前，云数据中心不仅打通了线上线下渠道，实现了销售行为的“网络与传统结合、线上与线下融合”双轨驱动，还可以为科研、生产和管理提供技术服务支撑，助力公司智能化、数字化转型升级。

变化和挑战属于所有人，但新机会并不属于所有企业，只有那些抓住数字化转型机会的企业，才能获得未来的增长红利。鲁南制药将继续推进智慧企业、智能工厂建设，加快品牌数字化发展，全方位拥抱数字化并推进“数智化”转型。

生产体系人员的压力是越来越大的，唯有不断磨砺自身，加强学习，才能在要求越来越高的生产任务中更快更好地生产出产品。

企业内部的价值评价，有一个经典的理论就是合益（HAY）公司的海氏岗位价值评估模型，其对价值创造者的评估是很有借鉴意义的。

海氏价值评估法

海氏价值评估法的发明人是合益公司的创始人 Edward N.Hay。2001 年 Edward N.Hay 因此获得美国薪酬协会终身成就奖。海氏价值评估法逻辑严密，结构清晰，功能完善。经过全球诸多著名公司的 60 多年考验，目前仍是全球应用最广的岗位评估方法。华为、中国移动等岗位评价体系都是采用这种评估方法。

海氏价值评估法认为，一个人 / 岗位的价值与下述三个因素相关：所需知识技能的复杂性、解决问题的困难性、成果的责任性。

这些因素又可以进行细分。所需知识技能的复杂性包括知识技术技能、人际关系技能、管理幅度。

解决问题的困难性包括思考的环境、思考的挑战。

成果的责任性包括行动的自由度、责任的影响性质、责任的影响范围。

下面我们谈谈其中的重要因素及如何测量。

知识和技能。知识和技能分为 A、B、C、D、E、F、G 7 个级别（见表 3.5）。

表 3.5　知识和技能

级别	说明	岗位
A	初级程度：完成一些简单和重复性工作任务	执行
B	初级职业技术程度：完成简单的工作指示，经常是重复性的；操作简单的机械设备	执行
C	职业技术程度：简单流程程序的充分理解；操作专业性强的设备	生产
D	高级职业技术程度：技术的理解；专业技能和（或）实际工作经验	指挥、引导
E	专业程度：概念的理解；科学理论、原理或长期实践经验	设计—分析
F	精专程度：专业程度深；部门领域的专家或资深管理人员	指导—咨询
G	高级专家程度：深入研究；部门领域专家或资深管理人员	精通—预测

人际关系技能。人际关系技能分为 3 个级别（如图 3.5 所示）。

1. 基本的

有效的沟通

2. 重要的

通过合乎逻辑的讨论使人信服

3. 关键的

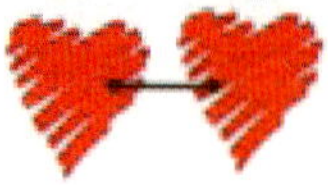

由于了解人们的动机（任何级别）而改变人的行为

图 3.5　人际关系技能测量

管理幅度。管理幅度的衡量分为 3 个级别，分别是作业型、活动型和同类型。

思考的环境。思考的环境也分为 7 个级别（见表 3.6）。

表 3.6　思考的环境

级别	说明	岗位
A	严格程序化：详细的工作指南	—
B	程序化：已建立的工作指南	执行
C	半程序化：工作程序有所变化	应用

续表

级别	说明	岗位
D	标准化：工作程序和惯例有很多变化	适用
E	明确界定：政策和原则	开发
F	概括界定：主要政策和目标	定义
G	广义界定：一般政策和目标	—

思考的挑战。思考的挑战性分为 5 个级别（见表 3.7）。

表 3.7　思考的挑战性

级别		思考的活动	遇到的情况	思考的回应	思考的过程
1	重复式	这就是答案	一样的	简单选择	识别 / 回想
2	定模式	哪一个是答案	相似的	鉴别选择	分类
3	推理式	答案在哪里	不同的	寻找答案	调查、寻找
4	应变式	这是个问题吗	变化的	到外面寻找	分析、理解
5	创新式	如何造一个轮子	全新的	创新方法	创造

行动的自由度。行动的自由度分为7个级别（见表3.8）。

表3.8 行动的自由度

级别		监督程度	指导程度
A	规定性	随时随刻的监督和审核	明确的指示
B	受控性	严密的监督，按小时审核	详细的指示
C	标准性	进展和结果的监督，一般性工作指导，按日/周审核	标准操作和程序，顺序可变动
D	一般规范性	回顾“什么时候要做好什么”，“怎样做”明确，按周/月审核	明确的政策和可遵循的先例
E	指导性	在批准的计划内达到目标，任职者决定“如何去做”和“什么时候做”，按月/年审核	相关的先例和政策
F	方向性指导	一般性的管理引导，上级对结果每年审核	组织目标和相关的政策
G	广义指导性	广义的管理引导，董事会监督	广义的政策和战略目标

责任的影响性质。责任的性质分为 4 个类型（如图 3.6 所示）。

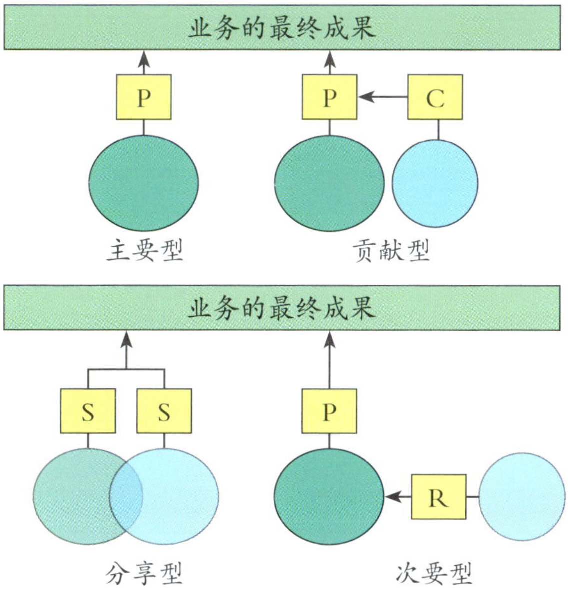

图 3.6　责任的性质

主要型：在工作完成过程中承担了主要责任、发挥了主要作用。

贡献型：在工作完成过程中，起到了不可或缺的作用。

分享型：两个工作方一起协作完成工作。

次要型：在工作完成过程中没有直接贡献，而是发挥了间接协助作用。

责任的影响范围。责任的影响范围分为 4 个级别（如图 3.7 所示）。

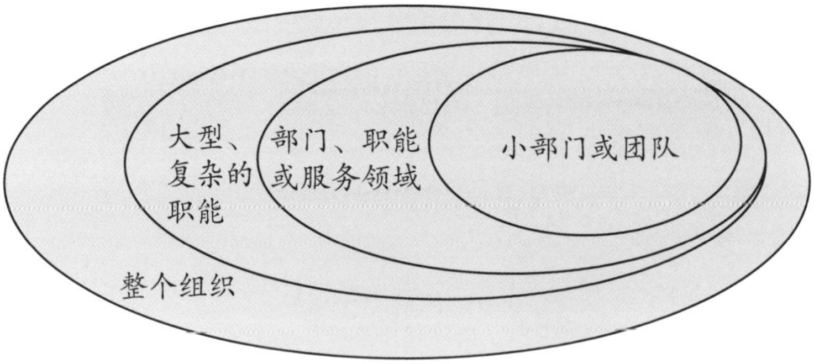

图 3.7　责任的影响范围

依据上述八项指标的评估得出一个总的量化得分，就可以对价值贡献度进行排序了。

第 4 章

价值重塑

鲁南制药要不断进行改革，要通过改革，解放思想，开拓进取；通过改革，转变思想，转变工作作风；通过改革，让干部员工专心工作，专注工作，精益求精，提升自身素质，提高公司管理水平，提高鲁南制药的核心竞争力；通过改革，提高员工收入，改善工作环境，提升员工生活质量和幸福感，加快鲁南制药发展。

产品和服务价值重塑

2022 年，鲁南制药上榜 2021 年度中国医药工业百强榜第 30 位，上榜“2022 民营企业研发投入 500 强”，首批瑞旨®发往美国，法规市场正式启动，“药、妆、菌、食”四条业务主线迅猛发展。

俗话说，有夕阳产品没有夕阳企业。企业必须不断地更新产品，才能适应竞争的需要，保持旺盛的产品力。我们鲁南制药其实一直在践行这一原则。鲁南制药的产品有低价、有高价、有中端价，价格分布符合“德尔塔分布”特点，产生价值最大的产品，也就是企业利润最丰厚的产品。

鲁南制药要继续大力发展有市场竞争力、有较高利润率的产品，在继续加大中成药研发的基础上，加大生物医药等新兴领域的研发。

“保持化学制药优势，大力发展中药，做强生物制药。”这是鲁南制药的发展目标。鲁南制药有大量优质产品，将被逐步推向市场，为公司下一步发展提供动力。此外，中药是鲁南制药的优势产品，要用 3~5 年把中药发展起来。

公司向前走就要解放思想，为什么叫转型？就是因为这个“型”也是我们的习惯，就是已经形成了的东西。要转型必须解放思想，走出舒适区。公司这些年就是优先向市场投放人员，当下，鲁南制药面临着千载难逢的机会，要实现千亿规模。

当下我们要做最低价产品，就必须解决规模效应。以前销售额不到 100 亿元的时候，批次量就是 10 万、20 万、30 万、50 万，但是要过 1000 亿元，就必须把 10 万乘 10、20 万乘 10、30 万乘 10、50 万乘 10，乘 10 后效率就是原先的 10 倍，就能解决当下鲁南制药面临的人力资源成本占销售收入 20% 的问题。

1000 亿元能不能实现？能实现。就用现在的产品，我们就能实现 1000 亿元，但是我们要坚决落实执行，就像首荟、荆防都是具备超大规模的单品，我们宣传要跟上，推广要跟上。我们大量的科学实验好多部门在推进，我们要做更顶层的设计去推广我们的产品，让我们的产品最大限度地服务于人民健康，来获得我们应得的回报。

创新要解决什么？包括生产、销售、研发在内，创新要解决的就是满足客户的需求。如果不能满足，我们就会被淘汰，这就是市场。面向市场，读懂市场，满足市场。在转型的道路上，未来几年我们要更加关注系统思考、规模效应和边际效应。系统思考就是要有大局意识。

同时，鲁南制药要进行服务价值重塑，以高品质的服务提升企业的价值创造能力，提升消费者对企业品牌价值的感知能力。每一名干部员工都要找准自己的位置和定位，用心服务：诚心、贴心、细心、耐心、舒心，发自内心地为公司、为市场、为他人提供全方位、优质、高效的服务，以服务对象的满意为追求目标。只有超值服务才能打动用户，才能征服用户。

品牌高端化一定是通过创新、通过高质量的服务来实现的，服务是有价值的。大家一定要明白，鲁南制药要转向品牌高端，成为业界的高端品牌，而不是低端的仿制药品牌，一定不是低端的。

很多人不明白，我们为什么在全国构建一个比较大的服务团队，包括 24 小时的热线电话团队，这就是塑造高端品牌必备的服务。

我们要努力做到服务第一。超值服务就是差异化服务，人无我有，人有我新。服务的形式和内容都要创新。将奉献精神融入服务之中，无怨无悔地服务客户。客户满意是我们服务的追求目标。优质产品 + 创新服务才是我们征战市场的根本。

为此，鲁南制药要不断进行改革，要通过改革，解放思想，开拓进取；通过改革，转变思想，转变工作作风；通过改革，让干部员工专心工作，专注工作，精益求精，提升自身素质，提高公司管理水平，提高鲁南制药的核心竞争力；通过改革，提高员工收入，改善工作环境，提升员工生活质量和幸福感，加快鲁南制药发展。

品牌与商业模式重塑

2022 年，鲁南制药“大力发展中药”，22 个独家品种大放光彩，启达力®、诺思通®、畅莱舒®、甘轻®等中药产品入选 2022 年山东知名品牌，依托中药制药共性技术国家重点实验室加快充实中药产品线，厚普中药产业提质增效项目、新时代中药现代化项目提取车间、国内首条中药口服液条包生产线全部通过 GMP 认证并投入使用。鲁南制药传承精华，守正创新，将中医药传统文化与现代科技相结合，为中药高质量发展赋能。

鲁南制药必须注重企业的品牌传播，提升品牌的知名度、美誉度。只有高端品牌才有更高的溢价，才能更好地占领消费者的心智，才能实现更加高质量的发展。鲁南制药的品牌知名度、美誉度在北方市场乃至全国部分市场已经有了一定的地位，但还需要持续努力，尤其是要向高端品牌进化。

鲁南制药一定要走差异化的道路，否则永远不会有品牌高端化。

鲁南制药必须把质量做成第一，质量最好是品牌高端化的基础和前提。

鲁南制药要重塑商业模式，真正实现价值链的全面提升在于对鲁南制药销售理念的重塑，即从“经营产品”到“经营用户”。鲁南制药传统上是一个生产、销售药品的企业，偏向于制造业，我们的药品大部分是通过渠道销售出去的，因此我们自己并不掌握终端用户，随着信息技术的发展，我们与终端客户（消费者）直接链接已经成为可能；随着市场竞争的变化，不掌握终端用户的企业，最终很容易受制于人。两种因素叠加，要求我们必须从单纯的经营产品到经营用户。大家可以想一想，如果我们掌握了全国 2000 万甚至 1 亿个病人、普通消费者的资料（包括病情、身体健康情况、联系方式等），我们可以做的事情有多少！我们还会发愁药物卖不出去吗？我们还会发愁利润率不高吗？

只要能够直接链接大量终端用户，我们就可以全方位地满足他们在药物、身体调养等方面的需求，我们就可以成为这些用户的健康管理专家，有针对性地给用户提供产品和服务——为患者提供药品，为亚健康的人提供合适的调养方案。到了那个时候，我们就不仅仅是一家药企，而是一家综合的健康管理公司，我们销售的药品可能也不仅仅是我们自己生产的了。

我们用互联网把药品和患者直接串联起来，直接点对点、端到端，这就是“看不见的销售”，在云端实现价值最大化。

只要能够直接链接大量终端用户，我们就可以摆脱对渠道的依赖，去除中间环节之后，我们的利润率就可以大幅提升。我们可以给用户更多实惠，可以拿出更多费用用于研发。企业就可以进入一个更加良性的循环。

近年来，我们在社会化营销方面进行了很多尝试，我们花很大的力气开发建设了“首荟”商城，目的就是与终端用户链接，大量积累终端用户的数据。在这方面，我们取得了一定的成绩，但距离理想目标还有很大差距，要进一步加大投入。

内容即商品

在社群时代，我们要与终端用户链接，想要大量积累终端用户的数据，就要改变我们过去只是销售产品的做法，尤其是在社群运营上，要重视“内容”的作用。优质内容是我们触达、链接潜在用户，提升用户黏性、扩展用户消费金额的有效途径。

我们所在的医药行业是一个专业性很强，消费者对专业知识非常渴望，但又普遍缺乏专业知识沉淀的行业。这种状况非常适合通过专业知识链接潜在客户。当然，我们提供的专业知识必须是真正的、权威的专业知识，而不是道听途说、误人子弟。

大家可能看到了，近年来我们开始大量发布有关医药、健康知识的文章，而且组建了专业团队进行社群运营，与多个知识分享平台合作。

我认为，今天，鲁南制药不只是有药品这种产品，我们生产、发布的各种文章，也就是优质内容，也是我们的重要产品。当然，在现阶段，这些内容产品直接转化的销售额还没有达到我们的预期。但这是一个非常重要的方向，是我们必须尝试的路径。我们也要求鲁南制药的所有员工积极转发、分享这些优质内容。

前几年，社会上流行一些所谓养生大师，有的养生大师甚至说一碗绿豆汤可以医治百病。现在社会上还有很多类似的伪“专家”，大量错误的健康、养生知识，甚至谣言充斥在网络上，毒害我们的消费者，不但让消费者无所适从，甚至严重误导消费者，造成严重的后果。

大家必须认识到，普通民众是非常缺乏有关医药、健康的正确知识的，你的转发也许就可以纠正他们的认知错误，引导他们买到对症的药品，进行恰当的处置，获得良好的效果。消费者从我们传播的知识中受益了，他们是会感激我们的，或许他们不一定立即购买我们的药品，但我们的内容产品也已经发挥了作用、创造了价值！我相信，只要我们持续给消费者提供正确的优质内容产品，消费者最终会认可我们，我们最终也会得到相应的回报。

因此，我们鲁南制药的全体员工、家属，都有责任、有义务转发、分享我们的优质内容产品。用优质的内容产品影响消费者、回馈消费者，将各种错误的健康、药品知识、谣言驱逐出网络！还消费者一个纯净、正确的医药、健康网络空间，这是我们鲁南制药人的崇高理想和目标！

数字化创造新价值

数字科技化赋能是在飞行中换发动机，不会改变传统企业的行业属性，不是“停业整顿”，更不是为了创新而创新，数字化必须直接为业务带来增量。

世界上本没有科技企业和传统企业的分别，优秀的企业总会及时、有效地使用一切先进生产要素来提高运营效率，从而实现可持续增长。未来所有优秀的企业都将是科技企业。

我们要通过IT技术实现价值重塑。鲁南制药一直在进行数字化转型，通过IT技术提升效率、降低运营成本、减少差错率。

我们要通过数字产业化形成闭环。我们应该思考，自己的工作怎样才能数字化。

其实数字化并不是一个新鲜的概念，它是经过技术阶段的一系列进步展开而来的词汇。从技术的角度来说，应该属于信息技术，从开始至今的过程分别是 IT 化、信息化、数字化等阶段，也有的数字化随着产业或者行业发展到了相对成熟的阶段，也叫“数智化”。

IT 化：最开始的 IT 化，伴随计算机的诞生就已经开始了，在 20 世纪四五十年代，出现的早期打字机等，就是比较早期的 IT 化。

信息化：到了信息化阶段，其实是在 20 世纪六七十年代，出现的信息化革命，将信息化技术的发展推到了一个新的高潮。比较有意思的是，信息化技术的发源地虽然是美国，但“信息化”这个词是日本人提出来的。1963 年，日本学者梅倬忠夫在《信息产业论》一书中描绘了“信息革命”和“信息化社会”的前景，预见科学信息技术的发展和应用将会引起一场全面的社会变革，并将人类社会推入“信息化社会”。在国内“信息化”一词的广泛使用是在实行改革开放背景下发生的。目前，我国关于信息化相对比较权威的定义来自中央政府发过的一份文件：信息化是充分利用信息技术，开发利用信息资源，促进信息交流和知识共享，提高经济增长质量，推动经济社会发展转型的历史进程。

数字化：当前对“数字化”（Digitalization）概念并没有一个明确

的定义。按照 Gartner 的术语表，“数字化是指利用数字技术改变商业模式，并提供创造收入和价值的新机会，它是转向数字业务的过程”。

“数字化”是“信息化”的延续和升级，即将信息化整合到数字化上，提高对各类数据的处理能力，从而进一步增加效能。在信息化时代，人们把信息输入计算机中，如企业资源计划（ERP）、客户关系管理（CRM）等系统都属于信息化的范畴。而数字化是指数据能自动产生并被集中处理，让人们对数据的利用程度大大提高。

正如前文所说，数字化转型已经变成一种趋势。这种趋势会逐渐体现在企业经营管理的各个方面，比如，对于公司组织的影响、对于公司业务的影响，甚至有的公司已经将数字化作为一种公司战略，并且开始改变业务规则。人力资源作为服务和赋能角色的后台部门，也要做好准备，调整由于业务规则变化引起的人力资源规则的变化。否则，谈何支持业务发展呢？

在企业的日常运营层面，在已有规则的基础上，也会出现新的问题。比如，公司业务范围的扩大引起的人员调动与考核问题等，也需要 HR 灵活地做出调整，做出新的设计。

数字化是一种思维。数字化是一种思维，其实更多说的是数据思维。借助大数据、云计算等技术手段，企业在日常运营过程中会沉淀大量的数据，但如何把这些数据给用好，是今后企业经营管理的重点。HR 设计任何方案，寻找需要解决的问题，都要基于数据来展开，用数据来说话。比如和业务部门打交道的时候，对该业务的竞争对手，公司业务的基本情况，事业部或业务单元的人员配置、人员能力等数据都要清楚于心。

如果这些数据不清楚，谈何了解业务？如何设计出解决问题并且能够落地的方案呢？

在面对问题的影响变量越来越多的时候，就要应用更多关于统计学等专业的分析方法。很多问题找不到根本原因，其实就在于我们的方法不对，而方法不对，很有可能就因为我们对数据的运用不准。

数字化是一种工具。企业不能依靠单一的产品实现完整的数字化转型。完整数字化转型需要对“人、财、货、场”全面进行，涉及面非常广，如要做到精细管理，每个模块都可以做成一个独立的系统或者产品，需要十几个甚至几十个系统覆盖所有模块，如 ERP、OA、FMS、CRM、MES、DMS、QIS 等。

数据是数字化的核心资产，对于企业经营规模的扩大，数据也是呈现指数级增长的，因此就需要借助很多软件来进行记录。很多大型企业的历史系统是烟筒式的，为了局部或者部门设立的。这就导致整个系统之间没有链接、协同以及整体的能力体现。

数字化转型，一个重要目标就是把所有系统链接起来，将产生的数据汇总，将数据和业务整合起来。

数字化转型是否做得好，在很大程度上取决于我们对工具的运用。借助时时精准的数据抓取、存储和分析，数字化转型将帮助企业重塑业务流程、优化运营管理。

企业要经历产品的研发设计、原料采购、生产制造、仓储物流、产品营销和售后服务几个流程。

借助数字化工具，数字化转型也将极大地帮助企业优化战略、财务和组织管理。战略的数字化转型意味着企业已经打破了传统运营的思维，彻底将数字化转型放在了战略高度上。业务流程和运营管理的数字化转型将帮助企业获取更多的商业机会，完成市场开拓。另外，实现数字化转型的企业将能够更加灵活地完成商业模式转型，并且能够更加有韧性地应对各种经营环境的变化。

随着技术进步，数字化转型对各行各业的重塑正在逐步地深化和细化，正如我们的经济也是通过协同和分工的深化和细化来实现的，随之影响所有企业在经营和管理的方方面面，也诞生了数字化时代的人力资源、数字化时代的领导力等诸多新课题。

构建价值链生态

今天的鲁南制药已经形成一个规模比较大的利益联合体，鲁南制药的上游供应商有上百家，下游的经销商有几千家……

这些与鲁南制药有各种各样利益关系的机构和个人，都是鲁南制药的合作伙伴。鲁南制药必须为这些合作伙伴创造价值。

鲁南制药创建已 50 余年，在生产制造环节积累了大量经验，比如，我们有完善的品质控制、培训体系。我们一直把合作企业看作鲁南制药的亲密合作伙伴，希望合作工厂与我们共同成长。很多工厂开始与鲁南制药合作的时候，规模偏小，产品质量不稳定，管理水平低下。鲁南制药的各项要求标准都比较高，在合作的过程中，合作工厂被动地以鲁南制药的标准去完善提升自己，综合水平上了一个台阶。之后，合作工厂再以这种高标准去服务其他企业，它们的综合竞争力、服务能力都大大提升了。

我们将鲁南制药积累下来的完善的交付系统，从原料采购生产、交付等覆盖所有生产环节的系统，都复制给了上下游企业。显然，鲁南制药给上下游合作伙伴的不只是订单，还有整套管理模式。

正因鲁南制药提供了订单之外的诸多附加值，很多合作企业非常喜欢与鲁南制药合作，成为鲁南制药的忠实合作伙伴。

我们从来不把供应商当作单纯的供货方，而是看成与鲁南制药有紧密联系的利益共同体，供应商的供货速度、品质等，关系着鲁南制药的产品、品牌和信誉。从整体利益链条来看，我们与供应商是密不可分的整体。

我们要让供应商安心做好服务，供应好我们，就要让供应商放心，让供应商赚到该赚的钱，让供应商与我们一起成长，共同分享市场的收益。

鲁南制药已经构建了一个生态价值链，正在逐步走向平台化，与越来越多的合作伙伴紧密合作，并提供更多价值。

鲁南制药有数万员工，他们是鲁南制药发展的基础，我们要把员工看作我们的合作伙伴，给他们足够的尊重，让他们安心、快乐地工作，有不错的收入，有更好的奔头。

我一直强调，随着鲁南制药规模的扩大，涉及的相关利益方越来越多，鲁南制药的责任也就越重大。鲁南制药绝非鲁南制药人自己的鲁南制药，而是鲁南制药所有利益相关方的鲁南制药！我们责任重大！我们必须把鲁南制药经营好，给合作伙伴持续创造价值！

人工智能可能颠覆新药研发价值链

2023 年 3 月，chatGPT 大热，引发了公众对人工智能（AI）的高度关注。

那么，AI 对制药行业有什么影响？国内很多著名科学家认为，人工智能 + 分子模拟与药物研发潜力巨大，前景广阔。

在 2022 年 7 月 12 日举办的《理解未来》科学讲座上，中国科学院院士、中国科学院上海药物研究所研究员蒋华良教授指出，AI 技术应用于药物研发已经引起研究院所和制药行业的高度重视，开始赋能药物研发靶标发现和确证、药物先导化合物的发现和优化、药物药代和毒性评价等各个阶段，将成为未来药物研发的关键核心技术之一。

北京大学化学与分子工程学院教授、北京大学理学部副主任高毅勤教授指出，传统的分子模拟在应用于复杂的化学和生物等分子体系时受到严重的时空尺度限制。以深度学习为代表的 AI 技术可以在理论和计算、理论和实验、计算和实验之间建立有机的联系，因此成为当前突破传统分子模拟“瓶颈”、为分子模拟和分子科学赋能的重要工具。

创新药物研发是一项系统工程，目前仍有大量基础科学研究难题待探索与解决。无论是哪种新的技术，做药的本质都是不变的，就是为患者提供更有效、更安全的治疗方案。对于 AI 制药而言，现阶段将 AI 作为一种工具，选择确定性更高的 AI 技术应用场景，开发具有差异化临床价值的产品比 AI 技术本身更重要。运用 AI 技术可实现的优势，针对未满足的临床需求选择有潜力的适应症、靶点进行药物开发，会更有益于 AI 在新药研发领域的商业化发展。

近两年，全球多条 AI 药物管线步入临床，AI 制药行业正从概念跨向临床验证阶段。有一家广州费米子科技有限责任公司（以下简称费米子）。这家成立于 2019 年的公司，致力于成为 AI 和数据驱动的创新药物研发公司。该公司自主开发的 Drug Studio AI 药物发现平台已实现工业化应用，并构建了一体化的 AI 药物研发解决方案。费米子 Drug Studio AI 药物发现平台的差异化技术优势，主要体现在靶点选择性与组织靶向性，通过减少药物脱靶、提高目标组织精准分布，从而提升临床用药的安全性。

费米子首条由 AI 设计的非成瘾性慢性镇痛管线 FZ002（临床前数据显示药效等同吗啡）已在南方医科大学珠江医院完成Ⅰ期临床试验首例健康受试者给药，标志着费米子已成为进入临床验证阶段的 AI 药企。

据报道，2023 年，费米子 Drug Studio AI 药物发现平台已经有十几个项目验证，交付 PCC 的研发用时约 10 个月、成本在 450 万元左右，相较传统研发模式，周期缩短 50%，成本降低 70%，临床前开发提效显著。

除早期已经完成对外商业授权的 4 条管线，费米子还拥有 8 条自研管线，均是围绕中枢神经（CNS）、自身免疫领域早期创新靶点开发的差异化 BIC/FIC 产品。进展最快的非成瘾性慢性镇痛管线 FZ002 已于 2023 年 3 月在国内完成Ⅰ期临床首例给药。另有 FZ008- 非成瘾性急性镇痛、FZ007- 自身免疫管线，已推进至 IND-enabling 后期，预计 2023 年第三季度完成中美 IND 申报、第四季度启动国内临床一期。据说，费米子的部分项目正与多个国内外意向买家洽谈授权合作，到 2023 年底，费米子将会有 3 条临床阶段管线，FZ002 项目也计划启动临床Ⅱ期研究。2023 年将是费米子商业化道路上取得重大进展的一年。

德鲁克说，动荡时代最大的危险不是动荡本身，而是仍然用过去的逻辑做事。

AI 对制药产业，尤其是创新药研发的影响非常深刻，可能会带来颠覆性的影响，甚至可能重塑医药产业的价值创造模式、路径，颠覆医药产业的价值链。

鲁南制药一直非常重视创新药的研发，在生物制药上的投入也很大。

2024 年 5 月，鲁南制药开始与华为公司接触，计划借助华为昆仑大模型赋能新药研发。尽管现阶段 AI 还无法真正在创新上提升新药研发的效率，但 AI 的学习能力很强，可以迅速积累大量过往的案例，穷举大量的可能性，可以在一定程度上降低人工劳动的强度，提高新药研发的效率。

传统方式下，创新药的研发周期很长、投入很大、成本很高、对核心人才的依赖程度很强。未来，AI 可能会在很大程度上解决上述难题，大大缩短创新药的研发周期、降低研发成本、提升研发效率。为此，我们必须高度重视 AI 在制药产业中的应用，以适当的方式结合这些新兴的技术手段。

持续学习保持熵减

要通过不断的学习、进步来满足企业发展的需求，满足个人成长的需求，满足时代发展的需要。我们不要被时代抛弃，如果我们被时代抛弃了，我们的企业也就被时代抛弃了。学习的目的，其实首先是修自己。

持续不断的学习是保持“熵减”的重要途径。“熵减”是华为创始人、CEO 任正非借用的物理学上的概念。熵是热力学第二定律的概念，用来度量体系的混乱程度。

熵增就是功能减弱，人的衰老、竞争力的下降、组织的懈怠等，都反映出功能的丧失。熵减指功能增强，比如人通过摄入食物、组织通过建立秩序等实现熵减。另一个概念是负熵，负熵是指能带来熵减的活性因子，比如物质、能量、信息这些都是人的负熵，新的成员、新的知识、简化管理这些就是组织的负熵。

对于一个具体的人来说，保持熵减、永不满足的最好方法就是持续不断的学习。对于我们的干部来说，更要具备超强的学习能力。

面对急剧变化的世界，干部只有持续学习才能提升认知能力，更加清晰地认识自己、科学地评价公司的能力，知道如何弥补不足，如何强化“内功”。干部提升领导力、开阔眼界、扩大格局、学会谦卑的首要途径就是学习，其次是在工作中不断反思。需要说明的是，学习是一种能力，既包括对学习内容的甄别能力，也包括对学习内容的理解、吸收、领悟和转化能力。

学习本身不是目的，要对学习内容正确理解、充分吸收、高度领悟和高效转化，最终能在实践中不自觉地用到。学到家的标志之一，不是会背、记住，而是融进你的价值观，在你的行为中自然地体现出来。很多人记忆力好，领悟能力差，更有很多人领悟能力好但实践能力差。所谓学到悟到做到才是真正的学习。

从学习内容来说，包括宏观层面、中观层面，也包括微观层面的知识和能力。宏观层面的学习内容，对我们开阔眼界、把握世界和中国大势，理解国家的有关政策非常有帮助。这是干部、企业家必须具备的知识和能力。从具体内容来说，既要有哲学、艺术、文化等有助于提升自我底层逻辑的“无用之学”，也要有关财务、营销、人力资源等企业具体经营管理的实用之学。

学习最好的时光是你需要的时候，管理需要的，发展需要的，成长需要的，进步需要的。干部要敞开胸怀，多学习，提高学习能力，提升综合能力，长知识，长本领，长能力，对公司忠诚、热爱。德为先，能力提升了，才能跟上公司发展步伐，才能适应公司“千亿鲁南 百年品牌”的发展需要。

总之，保持“空杯心态”，保持开放的心态，不断学习，正确地学习，才能保持熵减，拥有活力之源、保持旺盛的创造力。

古语说：内不欺己，外不欺人，上不欺天，君子所以慎独。以舍为有，以忙为乐，以德为富，以善为力，以才为权，君子所以不惧。

愿我们共勉。

附录

人力创造价值的策略

- 赵志全时代

  率先垂范

  收入激励

  清零归位

- 现在

  把鲁南做成最好的人才平台

  全球化人才战略

  收入翻倍战略

  晋升激励

  精神激励

  股权激励

科技创造价值的策略

- 对科技人才的重视和投入
- 对科技项目的重视和投入
- 对科技在企业管理中应用的重视和投入

产品创造价值的策略

资本创造价值的策略

“1+1 ＞ 10”，但前提是：

资源整合、文化整合能力，是管理能力的输出。

无形资产创造价值的策略

- 通常意义上的金融资产、长期股权投资、专利权、商标权等
- 非物质文化资产意义上的思想文化、体制制度、品牌等

√品牌价值连续 3 年超过百亿元!

√知识资本创造价值

√赵志全精神

√鲁南精神

√沂蒙精神

√鲁南制药，健康世界

√穿越时空，千亿鲁南，百年品牌

鲁南制药千亿元营收战略（AB 点法）

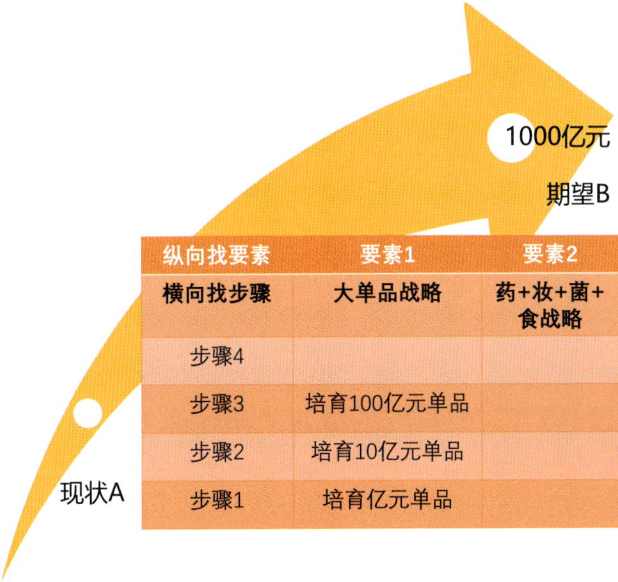

纵向找要素	要素1	要素2	要素3
横向找步骤	**大单品战略**	**药+妆+菌+食战略**	**并购战略**
步骤4			
步骤3	培育100亿元单品		
步骤2	培育10亿元单品		
步骤1	培育亿元单品		

价值评估

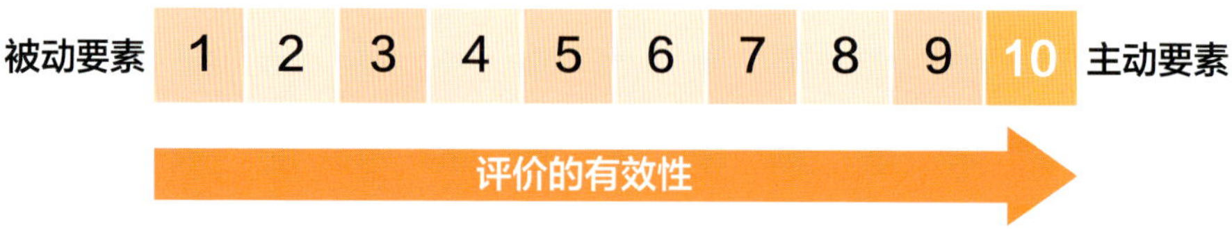

新价值论指导下的鲁南千亿战略

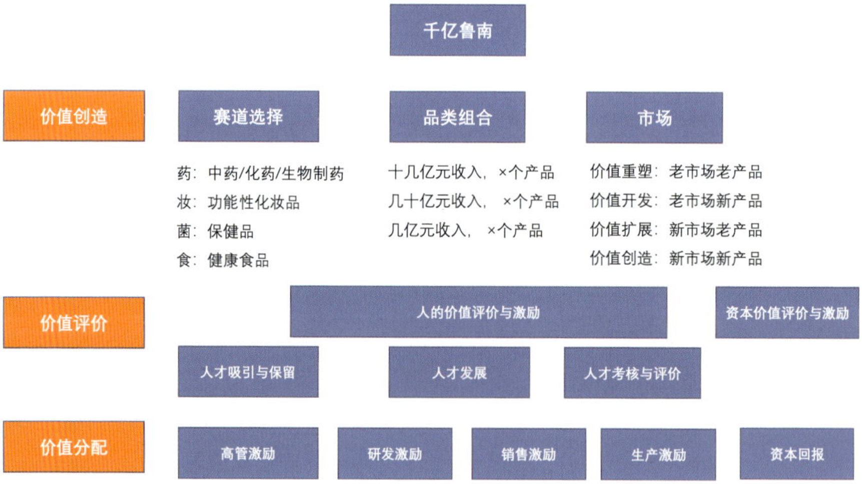

参考资料

[1] [英] 亚当・斯密 . 国富论 [M]. 谢宗林，李华夏，译 . 北京：中央编译出版社，2010.

[2] 萨伊 . 政治经济学概论 : 财富的生产，分配和消费 [M]. 北京：商务印书馆， 2009.

[3] 斯拉法， 编 . 大卫・李嘉图全集 : 政治经济学及赋税原理 [M]. 北京：商务印书馆， 2013.

[4] 门格尔 . 国民经济学原理 [M]. 刘洁敖，译 . 上海：上海人民出版社， 2001.

[5] 秦川 . “客户第一” 应是所有企业的价值共识[EB/OL]齐鲁晚报，[2019-08-22]. https://www.qlwb.com.cn/detail/10622414.html.

[6] 阿里发布 2022 财年年报：总 GMV83170 亿元，中国市场占 79760 亿元[EB/OL].Tech 星球, [2022-07-26]. https://baijiahao.baidu.com/s？id=1739375882189732159&wfr=spider&for=pc.

[7]，国美内部人士回应工资停发：是缓发［ EB/OL ］同花顺财经，[2022-11-04]. https://baijiahao.baidu.com/s ？ id=1748525847880805837，2022-11-04.